\どろどろ〜ん/
オバケーヌの
うらない

小泉マーリ・著

西東社

この本について

どろどろ〜んと姿をあらわす
オバケの仲間たち、
それがオバケーヌ。
たくさんの仲間がいて、
それぞれに個性たっぷり！
今日もこっそり、
あなたをおどろかせようと
ひそんでいるかも……!?

この本は、そんなかわいいオバケーヌたちといっしょにうらないが楽しめる本だよ。

星座や名前、トランプ、たん生日を足した数字などいろいろなうらないがのっているから、自分のこと、友だちのこと、未来のこと、運命のこと、みんなうらなっちゃおう！

きっと、新しい自分に出会えるよ。

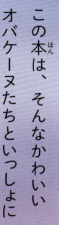

もくじ

この本について ……………………… 2

Chapter 1 キャラクターうらない ……… 5

Chapter 2 星座うらない ……… 47

Chapter 3 名前うらない ……… 87

Chapter 4 あれこれうらない ……… 101

● **キャラ図鑑** オバケーヌ図鑑 ……… 46・84・99・126

● **おまけ**
ひみつのおまじない ……………………… 44・82
ちっちゃなアクマうらない ……………… 97
今日の運勢うらない ……………………… 124

あなたのキャラタイプはどれ？

あなたはオバケーヌだとどのキャラクター？ まずはあなたの「バースナンバー」を調べるよ。

最初に「バースナンバー」を計算しよう

バースナンバーは、たん生日の数字を全部バラバラにして足した数のこと。生まれもった性格や長所・短所から、一生をかけて体験する使命のようなことまでわかっちゃうんだ。これらは全部、あなたがまだ気づいていない才能でもあるんだよ。

バースナンバーの出し方

1 たん生日の数字を全部バラバラにして足し算する。

例　2014年10月22日なら……
2＋0＋1＋4＋1＋0＋2＋2＝12

2 **1**の合計が1〜9の人
　➡ それがあなたのバースナンバー

1の合計が2ケタの人
　➡ 10の位と1の位の数字を、1ケタになるまで足し算する。

例　合計が12なら……
1＋2＝3　3があなたのバースナンバー

特別ルール

1の合計が11・22・33の人は「スペシャルナンバー」！
足し算しないで、その数字のままうらなうよ！

Chapter 1 キャラクターうらない

バースナンバーで
あなたのキャラタイプをチェック！

バースナンバー
1
オバケーヌ
タイプ
➡P8

バースナンバー
2
ユーフォーヌ
タイプ
➡P10

バースナンバー
3
ニャンコーヌ
タイプ
➡P12

バースナンバー
4
ウサギーヌ
タイプ
➡P14

バースナンバー
5
トラーヌ
タイプ
➡P16

バースナンバー
6
オチビーヌ
タイプ
➡P18

バースナンバー
7
ユニコーヌ
タイプ
➡P20

バースナンバー
8
オウチーヌ
タイプ
➡P22

バースナンバー
9
モンブラーヌ
タイプ
➡P24

バースナンバー
11
クリオーヌ
タイプ
➡P26

バースナンバー
22
ワンコーヌ
タイプ
➡P28

バースナンバー
33
テンシーヌ
タイプ
➡P30

いつでもワクワク！
オバケーヌタイプ

ミースナンバー **1**

オバケーヌしょうかい

- **しゅぞく** オバケ族。
- **とくちょう** いろんな色に発光できるよ。
- **しゅみ** みんなをおどろかせること。かぶりものなどのコスプレも大好き！
- **仲よし** みんな。でも、たまに音もなくあらわれるヒョロリーヌにびっくり！
- **お気に入りスポット** ドアのかげやまどの外にかくれて、おどろかせるスキをねらっているよ。

明るさと前向きさでみんなを引きつけるやりたいことは、まよわずチャレンジ！ 強い好奇心をもったあなたはオバケーヌにそっくり。授業中もどんどん手を上げて、クラスをもりあげるよ。そんなポジティブな姿が自然とみんなを引きつけているんだ。

Chapter 1　キャラクターうらない

> **長所&好きなこと**
>
> ## キラリと光るアイデア力で ピンチをチャンスに変える
>
> 頭の回転が速くて、どんなことでもすぐに「こういうことか！」と、理解できるのがあなたのスゴイところ。むずかしい問題にぶつかって、みんながどんよりしても、あなたのひらめきで一気に解決しそう！

> **短所&苦手なこと**
>
> ## あきっぽくて ちょっぴりビビリ
>
> 好奇心いっぱいだからこそ、じっとしていられない！　ペースのおそい人や、つまらない話は苦手かも。そしてちょっぴりビビリな面も。サプライズをしかけようとして、逆におどろかされちゃうなんてこともあるよ。

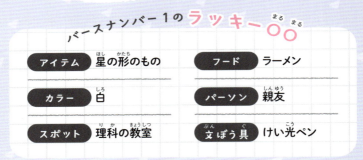

バースナンバー1の **ラッキー◯◯**

アイテム	星の形のもの	フード	ラーメン
カラー	白	パーソン	親友
スポット	理科の教室	文ぼう具	けい光ペン

もの静かなふしぎちゃん
ユーフォーヌタイプ

ピースナンバー **2**

ユーフォーヌしょうかい

- **しゅぞく** ファンタジー族。
- **とくちょう** UFOのようなワッカとアンテナがついているよ。
- **しゅみ** うちゅうとの交信、天体観測をすること。
- **仲よし** メカーヌと通じ合える。うちゅう人とも仲よし(?)らしい。
- **お気に入りスポット** お月さまの近く。

Ufonu

ひかえめだけど**直感力がすごい！** 自分が話すより、相手の話を聞くのが好きな落ち着いたタイプ。ふしぎな直感力があって、みんながなやんでいるときに、ピピっとなにかを受信したかのようにするどい意見をいうよ。そんなあなたはまさにユーフォーヌタイプ！

10

Chapter 1　キャラクターうらない

長所&好きなこと

読書と散歩で
のんびりリラックス♪

想像力豊かなあなたは、本を読んだり、じっくり考えたりするのがとくい。それに自然や生きものとふれあうことが好きで、公園を散歩したり、ペットのお世話をしたりすることでリラックスできるみたい。

短所&苦手なこと

おとなしいのに
ただよう大物オーラ

にぎやかな場所ですごすのはちょっぴり苦手。自分の意見を主張することや、「なにがなんでも勝つ！」という気もちも少なめだけど、なぜかまわりのみんなから認められているのがあなたのすごいところだね。

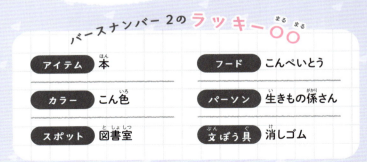

バースナンバー 2の ラッキー〇〇

アイテム	本	フード	こんぺいとう
カラー	こん色	パーソン	生きもの係さん
スポット	図書室	文ぼう具	消しゴム

11

ノリのよさはNo.1！(ナンバーワン)

ミースナンバー 3

ニャンコーヌタイプ

ニャンコーヌしょうかい

- **しゅぞく** ネコ族(ぞく)。
- **とくちょう** キュートなネコ耳(みみ)としっぽ。
- **しゅみ** お絵(え)かき、お散歩(さんぽ)。インドアもアウトドアもどっちも好き。
- **仲(なか)よし** オバケーヌとミケーヌ。スコティーヌはえいえんのライバル！
- **お気(き)に入りスポット** オウチーヌのなか。

いつでもどこでもハイテンション！

いつもたくさんの友(とも)だちとはしゃいでいるあなたは、ニャンコーヌとそっくり！推(お)しのアイドルに夢中(むちゅう)になったり、イベントになると目(め)いっぱいはりきったり。そんなミーハーなところさえ魅力(みりょく)に変(か)えちゃうよ。

12

Chapter 1 キャラクターうらない

長所&好きなこと

会って5秒で
み～んな友だち♪

どんな人とも友だちになれる天性のパリピちゃん。すみっこにいる子にも明るく声をかけて、気づけばクラス全員と仲よしに♪ アウトドアも大好きだけど、おうちでワイワイおしゃべりするのも好きだよ。

短所&苦手なこと

ノリを止められると
急にしょんぼり……

いつも楽しいことをして笑顔いっぱいですごしたい！ そんなあなたは、気むずかしい人や、きびしい人からは、ついにげ出したくなるかも。心変わりしやすいので、ひとつのことに打ちこむのもちょっと苦手だよ。

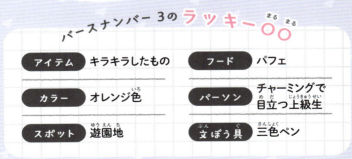

バースナンバー3の**ラッキー○○**

アイテム	キラキラしたもの	フード	パフェ
カラー	オレンジ色	パーソン	チャーミングで目立つ上級生
スポット	遊園地	文ぼう具	三色ペン

コツコツマジメな優等生
ウサギーヌタイプ

バースナンバー **4**

Usaginu

ウサギーヌしょうかい
- しゅぞく アニマル族。
- とくちょう 長いウサ耳と丸いしっぽ。ぴょんぴょんとびはねるのがとくい。
- しゅみ ピクニック、おべんとう作り。
- 仲よし ベアーヌとオニギリーヌ。
- お気に入りスポット 公園のしばふや花だん。

一歩ずつしっかりレベルアップ！

マジメで正義感の強いあなたは、しっかり者のウサギーヌそのもの。コツコツと努力することで気もちが落ち着くタイプだよ。どんなこともじっくりよく考えて進めるから、着実にステップアップしていけるんだ。

Chapter 1　キャラクターうらない

長所&好きなこと

とくいなことなら わたしにおまかせ！

とくいなことをまかされると精いっぱいがんばるあなた。みんなの役に立って「すごいね！」ってほめられたり、「レベルアップした〜！」と感じることができたりすると、とってもうれしくなるよ。

短所&苦手なこと

アドリブ力は ちょっぴり低め

みんなの注目を集めることはちょっぴり苦手。アドリブをきかせたり、いろんなことを同時に進めたりするより、キチンと準備してひとつひとつていねいにクリアしていくほうが向いているよ。

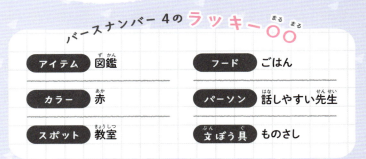

バースナンバー 4 の ラッキー〇〇

アイテム	図鑑	フード	ごはん
カラー	赤	パーソン	話しやすい先生
スポット	教室	文ぼう具	ものさし

独特なオーラと存在感！
トラーヌタイプ

ミースナンバー **5**

Toranu

トラーヌしょうかい

- **しゅぞく** アニマル族。
- **とくちょう** とにかく顔がいいトラのオバケ。かくれファンがたくさんいるらしいよ。
- **しゅみ** 野球やお笑いが好き。
- **仲よし** シバーヌは親友。タコヤキーヌのノリがツボ！
- **お気に入りスポット** バッティングセンターとお笑い劇場。

わが道を行くけどたよられると親身にあなたは心がとってもあたたかくて、面倒見がいいタイプ。トラーヌのようにりりしくて存在感があるから、最初は「ちょっととっつきにくいかも……」と思われることもあるけれど、たのまれたらたいていのことはやってあげちゃう、オトナな存在だよ。

16

Chapter 1 キャラクターうらない

長所&好きなこと

工夫して結果を出せる研究熱心な人

好きなことを見つけたら、まっしぐら！ 考えて工夫することがとくいだから、「〇〇博士」なんていわれるくらい、その道をきわめるよ。ひとりも好きだけど、たよられたら親身になって相談にのる思いやりのある人。

短所&苦手なこと

ペースをみだされるとテンションダウン

好き嫌いがはっきりしているので、興味がないことをまかされると急にテンションダウン。まわりをビックリさせるかも。ガンコなところもあるので、人のペースに合わせるのも苦手。嫌なことはなるべく早く終わらせるのがオススメだよ。

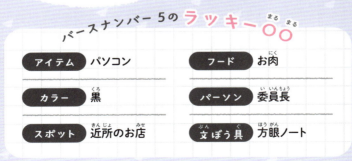

バースナンバー 5 の ラッキー〇〇

アイテム	パソコン	フード	お肉
カラー	黒	パーソン	委員長
スポット	近所のお店	文ぼう具	方眼ノート

17

オチビーヌタイプ

生まれついてのかまってちゃん！

ミースナンバー **6**

オチビーヌしょうかい

- **しゅぞく** オバケ族。
- **とくちょう** まん丸おちびで足は1本。あまえんぼうでかまってちゃん。
- **しゅみ** みんなにあまえて遊んでもらうこと。
- **仲よし** みんなにカマチョしちゃう！
- **お気に入りスポット** オバケーヌの頭の上にいるのが好き。

Ochibinu

かくしきれない あまえんぼうオーラ

あなたは生まれつきのあまえんぼう。オチビーヌのようにひとりでいるとさみしくなっちゃうタイプだよ。大事にされると、とってもハッピー。とくに、しっかりしていて、お世話をよくしてくれる人が好きみたい。

Chapter 1　キャラクターうらない

長所&好きなこと

じつは芸術家肌！
仲間とセンスをみがこう

感性が豊かでアーティストとしての才能があるあなた。いっしょにがんばる仲間や先生が見つかると、ぐ〜んとパワーアップ！　あなたのなかにねむっているセンスを、思いきり発揮できるよ。

短所&苦手なこと

さみしがりやで
ひとり行動は苦手

あなたは、いつもだれかといっしょにいたいさみしがりや。初めてのことや初めての場所に、いきなりひとりでとびこむのが苦手で、すごく緊張しちゃいそう。不安なときはいつもの友だちといっしょに行くのがオススメだよ。

バースナンバー6のラッキー〇〇

アイテム	ずっと使っているコップ	フード	グミ
カラー	ピンク	パーソン	人なつっこい下級生
スポット	ショッピングモール	文ぼう具	えんぴつとキャップ

センスのよさNo.1(ナンバーワン)！
ユニコーヌタイプ

ミースナンバー **7**

ユニコーヌしょうかい

- **しゅぞく** ファンタジー族。
- **とくちょう** きれいなたてがみとツノがあるよ。
- **しゅみ** ファッションざっしを見たり、コーディネートを考えたりすること。新しい服やさんに行くのも好き！
- **仲よし** かわいいもの好きのガオーヌ。ヒョロリーヌに服をコーデしてあげるよ。
- **お気に入りスポット** クローゼットや服やさん。

Yunikonu

はなやかさのうらにたゆまぬ努力！

パッと目を引くオーラをまとったあなたは、スタイリッシュなユニコーヌタイプ。はなやかな雰囲気とはウラハラに、「すてき！ オシャレ！」といわれるためには地道に努力するがんばりやさんだよ。

20

Chapter 1 キャラクターうらない

長所&好きなこと

クールに見えるけど じつはがんばりやさん!

いちばんになるために努力するけど、それを見せないクールでオトナっぽい空気をもっているよ。「どうしたらセンスアップできる?」なんて聞かれたら、集めた知識をなんでも教えてあげる太っぱらな面も。

短所&苦手なこと

「ツラい」をこっそり 胸にしまいがち

ホンネを見せるのが苦手で、こまっていてもだれかをたよれないあなた。胸のなかに「カッコ悪い自分なんて見せられない!」という強い思いがあるよ。すなおに弱音をいえるようになれば、さらに魅力的になれるよ。

バースナンバー 7 の ラッキー〇〇

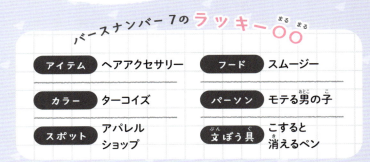

アイテム	ヘアアクセサリー	フード	スムージー
カラー	ターコイズ	パーソン	モテる男の子
スポット	アパレルショップ	文ぼう具	こすると消えるペン

どんなことでもドーンとこい！
オウチーヌタイプ

バミーズナンバー **8**

Ouchinu

オウチーヌしょうかい
- **しゅぞく** ファンタジー族。
- **とくちょう** 住人のオバケーヌたちを乗せたまま、ゆっくりいどうできるよ。
- **しゅみ** みんなの成長を見守ること。
- **仲よし** いろんなオバケーヌたちと仲よしだよ！
- **お気に入りスポット** 住人のオバケーヌたちのそば。

たのもしさに
みんなが夢中☆

あなたはたよりがいのあるオウチーヌタイプ。ちょっとやそっとのことでは動じないよ。だれにでもどううと意見を伝えたり、こまっている人にすぐ手を差し伸べたり。そんな姿に、みんなも思わずついていきたくなるみたい。

22

Chapter 1 キャラクターうらない

長所&好きなこと
オトナも認める
カリスマ的存在

先頭に立って、みんなを引っぱっていくのがとくい！ひとりでぼう走することはなく、みんなで成功することがうれしいタイプ。友だちだけでなく、オトナからも信頼されるカリスマ的存在だよ。

短所&苦手なこと
責任感が強すぎて
気づけばぐったり……

人にたよらず「自分にまかせて！」と、すべて引き受けてしまうので、ときどきつかれちゃうことも。責任感が高まりすぎると、心によゆうがなくなっていつものやさしさが出せなくなるから、息ぬきを大事にしてね。

バースナンバー 8 の ラッキー〇〇

アイテム	大きなバッグ	フード	どんぶり
カラー	ワインレッド	パーソン	信頼できる仲間
スポット	広い運動場	文ぼう具	下じき

品のあるオトナ
モンブラーヌタイプ

ミースナンバー

9

> **モンブラーヌしょうかい**
> - **しゅぞく** タベモノ族。
> - **とくちょう** ほろあまいマロンがのったモンブランのオバケだよ。
> - **しゅみ** コーヒーの飲みくらべ。さとうは入れないよ。
> - **仲よし** フランスパーヌのSNSによくいいねするよ。シュナウヌと本のかし借りもするんだ。
> - **お気に入りスポット** 雨の日のカフェが静かで好き。

おだやかななかにかしこさがにじむ人オトナっぽく、上品な雰囲気のあなたは、まるでモンブラーヌ。頭がよくて、ふくざつなことでも「それはこうだよね」と、すぐ理解できるよ。ゆとりを感じるふるまいは、みんなのあこがれの的!

Chapter 1 キャラクターうらない

長所&好きなこと

研究も発表もとくい！
気もちを察する力も◎

気になることはとことん調べる研究者タイプ。調べたことをまとめて、発表するのもとくいだよ。おしゃべりするときは、聞き役になるのが好き。相手の思いを理解する能力が高いから、相談されることが多そうだね。

短所&苦手なこと

ひとりの時間がないと
へとへとに

にぎやかな場所も好きだけど、しばらくすると、つかれてひとりになりたくなるあなた。自分の時間をキチンと作ることで回復するよ。また、だれとでも仲よくできるけど、だれかひとりとだけつき合うのは苦手かも。

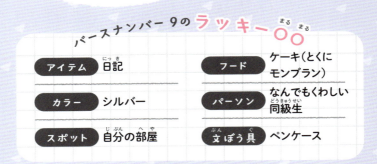

バースナンバー9の **ラッキー◯◯**

アイテム	日記	フード	ケーキ(とくにモンブラン)
カラー	シルバー	パーソン	なんでもくわしい同級生
スポット	自分の部屋	文ぼう具	ペンケース

知的でやさしい
クリオーヌタイプ

ノミースナンバー **11**

クリオーヌしょうかい

- **しゅぞく** ミズ族。
- **とくちょう** とてもピュアな心をもつクリオネのオバケで、ハートマークがチャームポイント。ほんのりすけているよ。
- **しゅみ** 相手のことを考えながらプレゼントを選ぶことだよ。
- **仲よし** ラッコーヌはいごこちがいい。トロリーヌの推し活のおとももするよ。
- **お気に入りスポット** ラッコーヌのそばが好き。

Kurionu

調整力バツグンのリーダーの右うで

「みんなが仲よくすごせることが幸せ！」というあなたは、心やさしいクリオーヌのよう。おだやかだけど、クラスの不満をスマートに解消できるかしこい人だよ。リーダーを支える副リーダー的立場でかつやくしそう！

26

Chapter 1　キャラクターうらない

長所&好きなこと

問題解決なら
お手のもの！

あなたは全体をよく見て本質を見ぬく力がズバぬけている人。クラスのこまりごとをすぐ理解して原因を見つけては、サッと解決できる頭脳をもっているよ。なぞなぞやクイズなどもとくいみたい！

短所&苦手なこと

なぜか自分のことは
見えなくなっちゃう

人のことはよくわかって親身になれるのに、自分のことになると急にわからなくなるのがタマにキズ。「もうなにがしたいのかわからないよ〜！」と、テキトーになって、まわりの人の意見に流されちゃうことも。

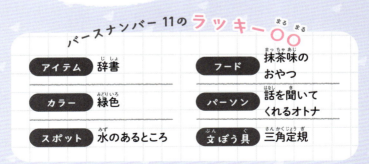

バースナンバー 11の ラッキー〇〇

アイテム	辞書	フード	抹茶味のおやつ
カラー	緑色	パーソン	話を聞いてくれるオトナ
スポット	水のあるところ	文ぼう具	三角定規

刺激こそトキメキ♪
ワンコーヌタイプ

ミーツナンバー 22

ワンコーヌしょうかい

- **しゅぞく** イヌ族。
- **とくちょう** 超フレンドリーなプードルのオバケだよ。
- **しゅみ** みんなと仲よくコミュニケーションがとるのが楽しいんだ。
- **仲よし** オデビーヌとバイキングでいっぱい食べるよ。ゴリリーヌはサウナ仲間。
- **お気に入りスポット** 温泉。

Wankonu

ワクワクする毎日を送りたい願望強め

あなたはいつもドキドキワクワクしていたいワンコーヌのような人。流行りモノが大好きで、すぐ沼オチしちゃうタイプだよ。かと思えば、3日後には「今はこっちがアツい！」なんて気が変わってしまうところもあるね。

Chapter 1　キャラクターうらない

長所&好きなこと
あれこれ挑戦しても最後までやりきる!

興味があることにはどんどんチャレンジするアクティブさが、あなたの魅力。じつはマジメで一度始めたことはきっちりやりきるよ。そうしてたくさんの経験から学んだことを、みんなに教えることもとくいだね。

短所&苦手なこと
変化がないとモチベーションダウン

次から次へと興味がうつっていくあなたは、同じことをつづけるのが大の苦手。型破りで新しいものにトキメキを感じるタイプだから、決まったやり方にしたがうより、新しい方法にチャレンジするほうが向いているよ。

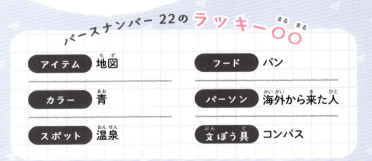

バースナンバー22のラッキー〇〇

アイテム	地図	フード	パン
カラー	青	パーソン	海外から来た人
スポット	温泉	文ぼう具	コンパス

世界中み〜んなを幸せに！
テンシーヌタイプ

ナンバー **33**

Tenshinu

テンシーヌしょうかい
- **しゅぞく** ファンタジー族。
- **とくちょう** 空をとべる白い羽と、天使のわっかがついてるよ。
- **しゅみ** 羽で旅行にとび立つこと。
- **仲よし** なんだかんだかまってくれるアクマーヌ。
- **お気に入りスポット** ふわふわな雲の上。

地球丸ごと愛してる究極の平和主義者

テンシーヌのように世界中みんなの幸せを願っているあなた。友だちや家族はもちろん、動物や植物、ご先祖さまや神さまもみ〜んな大事！まわりの人や地球の役に立つことが、あなたのよろこびだよ。

30

Chapter 1 キャラクターうらない

長所&好きなこと

女神のような思いやりに満ちた人

まるで噴水のようにあふれる愛で、みんなを包む女神さまのような人。大切な自然を守ること、お年寄りや年下の子にやさしくすることが、当たり前にできるんだ。豊かなセンスで芸術家のような一面もあるよ。

短所&苦手なこと

自分よりまわりを優先。目立つことはさけたい

「みんなを幸せにしたい！」という思いが強いあなたは、自分より相手を優先しがち。意見を押し出したり、目立ったりするのは苦手かも。人といるのが好きなので、ひとりぼっちになるのもきらうよ。

バースナンバー33のラッキー〇〇

アイテム	天使モチーフのアイテム	フード	サラダ
カラー	ゴールド	パーソン	保健室の先生
スポット	お花畑	文ぼう具	色えんぴつ

キャラタイプ別 相性ランキング

相性がいいキャラ・いまいちなキャラをランキングでしょうかいするよ！　気になるキャラを調べてみてね♪

バースナンバー 1 オバケーヌ タイプの相性

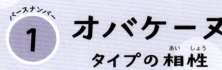

ワースト

- 1位　トラーヌ　5
- 2位　ユニコーヌ　7
- 3位　オウチーヌ　8

ペースをみだされても心はみだされないで

マイペースな人には、ついイライラ。ノリのちがうトラーヌや、つい張り合ってしまうユニコーヌ、リーダー争いになりやすいオウチーヌと話すときは、ゆずり合う気もちをわすれずにね。

ベスト

- 1位　ユーフォーヌ　2
- 2位　クリオーヌ　11
- 3位　オチビーヌ　6

あなたに合わせてくれるサポータータイプが◎

リーダー気質のオバケーヌタイプには、完ぺきな心のキャッチボールができるユーフォーヌが最高のパートナーに！　合わせじょうずのクリオーヌや、しっかり者が好きなオチビーヌも◎。

32

Chapter 1 キャラクターうらない 相性ランキング

スペースナンバー 2 ユーフォーヌ タイプの相性

ワースト

1位 ワンコーヌ (22)

2位 ニャンコーヌ (3)

3位 トラーヌ (5)

ワイワイさわぐのは とっても苦手！

にぎやかな人やコロコロと気分が変わる人は苦手。ハイテンションのワンコーヌ、ニャンコーヌはいっしょにいるとつかれちゃうよ。トラーヌとはせっ点がなさそうだから、無理につき合わなくてもいいかも。

ベスト

1位 モンブラーヌ (9)

2位 テンシーヌ (33)

3位 オバケーヌ (1)

いやし系とゆる〜く おしゃべり♪

いやし系の仲間と、ほのぼのした時間をすごすのが好きなあなたは、モンブラーヌと相性バツグン！　お気に入りの本の話でもりあがりそう。ひかえめでやさしいテンシーヌ、おしゃべり好きなオバケーヌとも気が合うよ。

3 ニャンコーヌ
タイプの相性

ワースト	ベスト
1位 ウサギーヌ 4	**1位 オチビーヌ** 6

2位 クリオーヌ 11　　**2位 モンブラーヌ** 9

3位 ユニコーヌ 7　　**3位 オウチーヌ** 8

勢いを止める
おカタい人とは相性×

マジメな人といると息苦しくなるあなたとウサギーヌは相性×。かしこいクリオーヌ、いいところばかりもっていくユニコーヌもNG。でもあなたがハメを外しすぎたら頭を冷やしてくれる、たよれる人たちでもあるんだ。

テンションが上がる
ノリのいい人を味方に

いっしょに思いっきりはしゃげる相手がベター♪ オチビーヌはノリもぴったり。ふたりで遊べば、さらにもりあがるよ。パッと気もちが伝わるモンブラーヌ、行動力のあるオウチーヌとも、楽しくすごせそう。

Chapter 1 キャラクターうらない 相性ランキング

4 ウサギーヌ
タイプの相性

ワースト	ベスト
1位 テンシーヌ 33	**1位 オウチーヌ** 8

2位 ユーフォーヌ 2　　　**2位 トラーヌ** 5

3位 モンブラーヌ 9　　　**3位 オバケーヌ** 1

地に足がついていない
ふわふわした人が苦手

あなたは、だれにでもやさしいテンシーヌを信じきれないみたい。つかみどころのないユーフォーヌ、かしこくてスキがないモンブラーヌも苦手。でも、一度ゆっくり話せば、知らなかったことをたくさん教えてもらえるはずだよ。

まっすぐでたよれる人と
ずっと仲よく♪

自分と同じ、マジメで誠実な人と長くつき合いたいあなた。どっしりかまえて、まわりの信頼もあついオウチーヌとは深くわかり合えそう。独特な雰囲気だけどたよれるトラーヌ、前向きなオバケーヌとも相性バッチリ！

ベースナンバー 5 トラーヌ
タイプの相性

ワースト	ベスト
1位 オチビーヌ 6	**1位 ワンコーヌ** 22

2位 オバケーヌ 1	**2位 ユニコーヌ** 7
3位 ユーフォーヌ 2	**3位 ウサギーヌ** 4

テンポをみだす相手にぐったり……

自分のペースを大切にしているので、あまえんぼうなオチビーヌや、気まぐれなオバケーヌといるとつかれそう。心によゆうがあるときにつき合ってみて。ユーフォーヌとは、おたがいマイペースでタイミングが合わないみたい。

一風変わったタイプがよきライバルに

自分の世界をもっているあなたには、いつも新鮮な刺激をくれるワンコーヌ、ユニコーヌがぴったり。コツコツ前に進むウサギーヌも◎。このタイプの人たちを見ていると「自分もがんばろう！」と思えるよ。

36

Chapter 1 キャラクターうらない 相性ランキング

ベースナンバー 6 オチビーヌ タイプの相性

ワースト

1位 クリオーヌ 11

2位 トラーヌ 5

3位 ワンコーヌ 22

そばにいてくれないと不安でいっぱい！

さみしがりやのあなたは、自分以外の人にもやさしいクリオーヌ、ひとりでふっといなくなるトラーヌやワンコーヌといると不安になるみたい。はなれていても、あなたのことをわすれたわけではないから安心してね。

ベスト

1位 テンシーヌ 33

2位 モンブラーヌ 9

3位 ニャンコーヌ 3

共感してくれる人のとなりが幸せ♪

いつもそばにいて、自分を受け入れてくれる人といると安心できるよ。やさしいテンシーヌとは息ぴったり！ あなたの気もちに寄りそってくれるモンブラーヌ、友だち大好きでノリがいいニャンコーヌも◎。

ミースナンバー 7 ユニコーヌ タイプの相性

ワースト

1位 オバケーヌ 1

2位 ニャンコーヌ 3

3位 オウチーヌ 8

口出しされると思わずばく発！

頭の回転が速いオバケーヌ、ミーハーなニャンコーヌとは、ついつい張り合ってしまうよ。とやかくいう人や上から目線の人も苦手だから、オウチーヌともうまくいかないみたい。ときには相手の意見にも耳をかたむけてみてね。

ベスト

1位 トラーヌ 5

2位 ウサギーヌ 4

3位 ワンコーヌ 22

カッコいい人といっしょに成長！

思わずみんなにじまんしたくなっちゃうような、オシャレでオトナっぽい人といっしょにいると、あなたもさらにレベルアップ！ リスペクトできるトラーヌやウサギーヌ、流行を見のがさないワンコーヌもいい相性だよ。

Chapter 1 キャラクターうらない

ピースナンバー **8**

オウチーヌ
タイプの相性

ワースト

1位 モンブラーヌ 9

2位 クリオーヌ 11

3位 オバケーヌ 1

気合いが空回る 相手にガッカリ

「協力し合って成功するぞ！」という気もちの強いあなた。どことなくオトナっぽいモンブラーヌ、知的でスマートなクリオーヌやオバケーヌが相手だと、その熱が一気に冷めてしまうよ。うまく役割分担してみて。

ベスト

1位 ウサギーヌ 4

2位 ワンコーヌ 22

3位 テンシーヌ 33

パワフルな相手と ぐんぐん前進したい！

エネルギッシュなあなたは、同じくらいがんばりやのウサギーヌを心から信頼していそう。アクティブなワンコーヌ、協調性のあるテンシーヌとなら、まわりをどんどん巻きこんで、大きな目標も達成できるよ！

バースナンバー **9** モンブラーヌ
タイプの相性

ワースト

1位 オウチーヌ 8

2位 ウサギーヌ 4

3位 テンシーヌ 33

自由をうばわれるのは ぜったいいや！

「〜すべき」という考えにしばられたり、気合いと根性でのり切ろうとしたりする人は苦手。ちょっぴりかた苦しいオウチーヌやウサギーヌ、協調性を求めるテンシーヌとはいまいち合わないけれど、いいところを認め合えれば◎。

ベスト

1位 ニャンコーヌ 3

2位 オチビーヌ 6

3位 クリオーヌ 11

せん細な心を理解 してくれる人が吉 ◎

相手の気もちがわかるぶん、デリケートなあなた。意外と気配りじょうずなニャンコーヌとは、安心してすごせるよ。なぜか好きなものやタイミングが合うオチビーヌ、思いやりのあるクリオーヌとの相性もいいよ。

40

Chapter 1 キャラクターうらない 相性ランキング

ピースナンバー 11 クリオーヌ タイプの相性

ワースト

1位 ニャンコーヌ　3

2位 オチビーヌ　6

3位 ワンコーヌ　22

気まぐれなタイプは ちょっと苦手……

あなたは、みんなが笑顔になれるようにバランスをとりたい人。落ち着きがなくてコロコロと意見を変えるニャンコーヌや、自由で気まぐれなオチビーヌ、ワンコーヌは苦手かも。ふり回されるより、そっと見守るのがおすすめだよ。

ベスト

1位 ユニコーヌ　7

2位 トラーヌ　5

3位 ユーフォーヌ　2

自分らしさをもった人 となら新しい発見が♪

だれとでもうまくやれるあなただけど、自立していて、クリエイティブな人といると、さらに世界が広がりそう。多才なユニコーヌ、自分の世界をもつトラーヌ、想像力豊かなユーフォーヌは新しい視点をくれるよ。

ワンコーヌ
タイプの相性

ワースト	ベスト

1位 ユーフォーヌ ②

1位 オバケーヌ ①

2位 テンシーヌ ㉝

2位 ニャンコーヌ ③

3位 オチビーヌ ⑥

3位 ユニコーヌ ⑦

じっくりのんびりは がまんできない!

スピーディーなあなたと真逆なのが、じっくり進めるタイプ。とくにユーフォーヌとはかみ合わないよ。夢見がちなテンシーヌ、受け身なオチビーヌとも同じペースで歩くのはむずかしそう。相手を待つよゆうをもってみて。

いっしょに挑戦できる 人が好相性!

どんなときも新しい道を切りひらきたいあなた。チャレンジ精神いっぱいなオバケーヌとなら、どこまででも進めそう! お祭り好きのニャンコーヌ、はなやかなユニコーヌとなら行事やイベントの中心としてかつやくできるよ。

Chapter 1 キャラクターうらない 相性ランキング

ゴーストナンバー 33 テンシーヌ タイプの相性

ワースト

1位 ユニコーヌ 7

2位 ウサギーヌ 4

3位 モンブラーヌ 9

現実的なタイプはなんだかたいくつ

現実的な人はどこか冷めて見えるあなた。地に足をつけて取り組みたいユニコーヌやウサギーヌのほか、自分の気もちはあまりいわないモンブラーヌも意外と相性×。無理して合わせようとせず、自分らしさを大事にね。

ベスト

1位 クリオーヌ 11

2位 ユーフォーヌ 2

3位 オウチーヌ 8

ふしぎ体験を語れる仲間がベスト

あなたは目に見えないものやUFOなどのふしぎな話に興味しんしん。かしこいクリオーヌ、第六感がするどいユーフォーヌ、マジメに話を聞いてくれるオウチーヌなら、目いっぱいおしゃべりできるよ。

43

おまじない Part 1

おまじない、試してみてね！

ラッキーを味方に♪
なんでも右から始めよう！

右にはエネルギーを高める力があるといわれているよ。右の歯からみがく、くつは右からはく、右足から歩き出すなど、いろいろなことを右から始めれば運が開けていくはず！

ここぞ！という ときに試して
特別なときの おまじない

金運アップ
5円玉をもち歩く！

自分が生まれた年の5円玉を2枚用意しよう。まずは石けんでピカピカにしてね。きれいになったら2枚を重ねて、赤か金のひもを通して結ぶよ。これをいつももち歩いてね。

試験に合格したい！
手のひらに「上」と書いて飲む！

右手でチョキをしたら、人さし指と中指をくっつけて。2本の指で左の手のひらに「上」と書いて飲みこもう。試験の直前に「ぜったい合格！」と気合いをこめてやるのがコツだよ。

Omake ひみつのおまじない

ひみつの

こうかバツグンの

好きな人がほしい
ビーズの指輪をはめる♡
とうめいなビーズで、左手の薬指に合う指輪を作ろう。寝るときに薬指にはめて、「好きな人があらわれますように」と念じるよ。毎日つづけるうちに運命の人に会えるかも！

好きな人がいる人にも、いない人にも
恋のおまじない

両思いになりたい
小びんにハートの紙を入れる
小さなガラスビンに、ハート形に切った水色とピンクの紙を入れよう。しっかりふたをしたら、だれにも見られないようにいつももち歩いて。自然とふたりの距離が近づくよ。

好きな人とふたりきりになりたい
シールのうらに名前を書く！
ハートのシールを用意しよう。くっつく面に好きな人の名前を書いて、文ぼう具など、お気に入りのものにはってね。いつももち歩いていれば、きっとチャンスがおとずれるよ♡

オバケーヌ図鑑 ①

オバケーヌの全キャラクターを、しゅぞくごとにしょうかいするよ！

オバケ族

オバケーヌ
みんなをおどろかせるのが大好きなくせに、少しビビリ。8ページも見てね。

トロリーヌ
体がトロトロにとけてしまったオバケ。アイドルの推し活がしゅみで、ライブによく行く。

ゾンビーヌ
内気で引きこもりがちだけど、ハロウィンが近づくと、ここぞとばかりにしゃしゃりだす。

オチビーヌ

まん丸おちびで足は1本。あまえんぼうでかまってちゃん。18ページも見てね。

テチーヌ

歩くとテチテチ音が鳴る、足のはえたオバケ。追いかけっこが好きだけどすぐにつかれる。

ペラリーヌ
紙のようにペラペラで軽い体。あらゆる細〜いすきまに入れるか、つい試したくなる。

ヒョロリーヌ
スリムで背が高いのに、存在感なし。しゅみはくねくね体そう。すきまにかくれるのがじょうず。

オデビーヌ
食べるのが大好きで、ふくふくとした体型。そんな自分が好きで、ダイエットはしない。

◀ つづきは84ページだよ

Chapter 2 (チャプター)

星座うらない
せいざ

星座から、友だち運やあなたに合う将来の仕事をうらなうよ。
星座ランキングや、星座×血液型うらないもチェックしてね！

♈ おひつじ座

★★★ 3/21〜4/19生まれ ★★★

みんなの先頭に立つ勇かんなリーダー

おひつじ座の由来は、ギリシャ神話に登場する金色の羊。きけんな場所へ向かい、子どものピンチを救ったといわれているよ。その羊と同じように、みんながあきらめちゃうようなときでも「やれるよ！」と、パワフルに進んでいくのがあなた。決断力があって、行動力もバツグン！　どうどうとした姿はまさにリーダーだよ。

ラッキーアクション

考えるよりまず行動！

気になったら、とにかくチャレンジ！　あなたなら多少のハードルはぐんぐんこえていけるよ。体をきたえるのも◎。

Chapter 2 星座うらない

友だち運

みんなですごすのも ひとりですごすのも好き

たくさんの友だちと遊ぶのが大好き！ たよられるのもうれしいし、「相談にのってくれない？」なんていわれることも多いよ。一方で、自立した人でもあるから、ふと思い立って、ひとりで出かけることもあるみたい。

将来の仕事運

教えじょうずを いかした仕事が◎

同じことをくり返す仕事より、自分なりのやり方で新しいものを作り出すほうが向いているあなた。教えるのもとくいだから、スポーツインストラクターがピッタリ！ 電車やバスの運転手にも向いているよ。

♉ おうし座

4/20〜5/20生まれ

好きなものに一直線！ひたむきな努力家

ギリシャ神話のゼウスという神さまが牛に変身して、ひと目ぼれしたむすめをさらったという話がおうし座の由来といわれているよ。ゼウスのようにひとすじなあなたは、一度「好き！」と思ったらすぐに夢中になっちゃうタイプ。好きなものを手に入れるためなら、どんなツライこともものりこえる努力の人でもあるんだ。

ラッキーアクション

ハマるものを見きわめて

ハマるもの次第で大きく変わるタイプ。じっくり選んで決めたものなら、プロレベルのかつやくも夢じゃない！

Chapter 2 星座うらない

友だち運
「広く浅く」より「せまく深く」

たくさんの友だちを作るより、心から信じられる人とゆったりおしゃべりするのが好き。「あれもこれも！」と、気もちがコロコロ変わるタイプより、ひとつのことをつづけられる人のほうが仲よくなれるよ。

将来の仕事運
タフさとセンスを目いっぱい発揮しよう！

好きなことならあきらめずにつづけられるあなた。美的センスもバツグンなので、美容師やデザイナー、パティシエに向いているよ。美術品やファッションに関わるものが集まる、美術館やアパレルショップで働くのも◎。

♊ ふたご座

5/21〜6/21生まれ

いつでもワクワク★
おもしろいものハンター

片方は人間、片方は神さまというふたごがモデル。そのせいか、自分にないものに興味しんしんで、いくつものことを同時に進める力があるよ。いつもおもしろいことや、めずらしいものをさがし、「これ！」というものを見つけたら「知ってる？」と、すぐみんなに報告！ 年中ワクワクしている好奇心のかたまりのような人だよ。

ラッキーアクション
年上の人と おしゃべり♪

先生や年上の人の話を聞くと、知らないことにたくさん出会えるよ。ジャンルにこだわらず本を読むのも◎。

Chapter 2 星座うらない

友だち運

おしゃべり好きは
み〜んな友だち♪

なんにでも興味をしめすあなたは、いろんな人と仲よくできるよ。友だちの趣味や習いごとも気になってしょうがないから「これはなに？ こっちは？」と、つい質問ぜめに。相手もおしゃべり好きなら、もう止まらないね！

将来の仕事運

もち前の頭のよさと
アクティブさを武器に

頭を使うのがとくいだけど、じっとしているのは苦手だから、取材に撮影にとび回るライターや編集者、CMやウェブサイトの制作者に向いているよ。ユーモアたっぷりに伝えるのもとくいだから、動画配信者も◎。

6/22〜7/22生まれ かに座

友だちと家族がNo.1 心あたたかい人

ヘラクレスに退治されそうになった仲間を助けるために、命をかけたと伝えられている大きなかにがモデルの星座。友だちや家族が大好きで、その存在が元気のみなもとになっているよ。やさしくて面倒見がいい、もの静かなタイプだけど、「ここぞ！」という場面では、おどろくようなパワーを発揮するんだ。

ラッキーアクション

自分だけの 場所を作ろう

趣味にもくもくと打ちこむと成長できるよ。自分の部屋など、静かで安心できる場所だと、もっといいよ。

Chapter 2 星座うらない

友だち運

一歩ふみ出せば
長くつき合える親友に

人見知りだけど、一度仲よくなればすっかり心をゆるしちゃうのがかに座。「いつもいっしょにいたいし、相手のためならなんでもしたい!」と、友だちを大事にするよ。長くつき合うほど、家族のような関係に♪

将来の仕事運

こまった人の力に
なれる仕事をさがして

どんな仕事でも、そのねばり強さでマジメに取り組むあなた。だれかの役に立ちたい気もちが強いから、人を助ける仕事がオススメ。医師や看護師、ようち園や保育園の先生になれば、やりがいのある毎日が送れるはず!

7/23〜8/22生まれ しし座

勇かんで正義感の強い みんなのヒーロー!

神話の中でヘラクレスと戦った勇かんなしし（ライオン）がモデルだよ。あなたはまるでししのように、勇気があってどうどうとした人。相手がオトナでも「ダメなことはダメ！」といえる心の強さと、まっすぐさがあなたの魅力。エネルギッシュで、目標が高いほど「やるぞー！」と、心がメラメラもえあがるタイプだよ。

ラッキーアクション

目立つ場所で 自信アップ

発表会や試合など、人前に出る機会を作ろう。失敗しても大丈夫。「もっとうまくなろう！」と力がみなぎってくるよ。

Chapter 2 星座うらない

友だち運

だれからもたよられる クラスの中心的存在

こまっている人に自分から声をかけるやさしいあなた。自然とまわりも、あなたをたよりにしているみたい。クラス一丸となってがんばる運動会などのイベントが大好きで、みんなの力をじょうずにまとめる才能があるよ。

将来の仕事運

学校やお茶の間の 人気者に!?

まかされたことに手ぬきは一切なし！ たよられるとさらにやる気がアップするので、学校の先生やインストラクターになれば、たちまち人気者に♪ もち前の度胸をいかして、役者やアーティストの道に進むのもいいね。

♍ おとめ座

8/23〜9/22生まれ

自分にきびしいプロフェッショナル！

豊かな実りをあたえる女神デメテルがモデルといわれているおとめ座。なにごとにも誠実に向き合って、努力をキチンと実らせるあなたは、まさにデメテルそのもの！ ひとつできたら、その次へ、またその次へ……と、自分をあまやかさずかべをのりこえていくあなたに、まわりの人たちも勇気づけられているよ。

ラッキーアクション
手先の器用さがカギ

料理や手芸、写真、習字、イラストなどに挑戦してみよう！手先が器用なので、あっというまにプロ級に♪

Chapter 2 星座うらない

友だち運

リスペクトし合える関係がベスト

大人数で遊ぶより、気の合う友だちとだけ集まりたいタイプ。いうことがコロコロ変わる気まぐれな人が苦手で、うそつきなんてもってのほか！友だちとはおたがい高め合える関係を目指したいと思っているよ。

将来の仕事運

実りのある仕事がやりがいに ◎

がんばったぶんだけ成果が出る仕事につくと、楽しみながら働けるよ。女神デメテルに守られているので、農業や料理人など食べものに関わる仕事がオススメ。医師や薬剤師、整体師など、健康を支える仕事にも向いているよ。

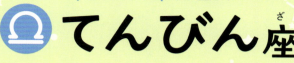

9/23〜10/23生まれ てんびん座

とびきりのバランス感覚で みんなのまとめ役

正義の女神アストライアがもつてんびん。あなたはそのてんびんのように、ものごとのバランスをとるのがとくいだよ。みんなの話を聞いて、家族やクラスの意見をまとめるなんて楽勝。みんなで活動するのが好きだから、行事やクラブ活動ではだれよりもウキウキ♪ 目上の人とじょうずにつき合う才能もあるみたい。

ラッキーアクション

積極的に話しかけて！

ふだんは話さないタイプの人に話しかけてみよう。知らないことや新しい考え方にふれたら、もっと世界が広がるよ。

Chapter 2 星座うらない

友だち運

友だち100人も夢じゃない♪

だれとでも気さくに話せるあなたは、どこに行っても大人気！ 男女問わずだれからもモテモテで、あなたと話したいと思っている人がたくさんいるよ。とくに気が合うのはスタイリッシュでもの知りな人だよ。

将来の仕事運

コミュニケーション力で右に出る者なし！

トーク力がズバぬけていて、みんなの力を借りるのもじょうずなあなたは、せっ客業で大かつやく！ ファッション系ならセンスを存分にいかせるよ。聞きじょうずでもあるので、カウンセラーにも向いているね。

10/24〜11/22生まれ さそり座

さそり座の目は ごまかせない!?

あばれんぼうのオリオンをこらしめた、さそりのようなするどさをもつあなた。いつもはひかえめだけど、「それって本当はこうだよね？」と、本質をズバリ見ぬく才能があるよ。一方で、マニアックな面ももっているのが、あなたらしいところ。自分の世界にどっぷりつかって、気づけば専門家レベルになっていることも！

ラッキーアクション

好きなことに全力投球！

夢中になれるものを見つけよう。一度ハマったらどこまでも一直線！ 楽しみながら、エキスパートになれるよ♪

Chapter 2 星座うらない

友だち運

ディープな話ができるオタク仲間をさがそう

「ちょっとマニアックだけど、これについて一日中語りたい……」そんな願いをかなえてくれる仲間を見つけたら、かけがえのない親友に♪ うれしいことも、かなしいこともわけ合える一生の友だちになれるよ。

将来の仕事運

人なみはずれた根気と集中力が強み

一度ハマったら、あきることなくつづける力があるあなたは、研究者に向いているよ。根気と集中力が欠かせない銀行員の仕事も、あなたならきちんとこなせるはず。本質を見ぬく力をいかして刑事や探偵になるのも◎。

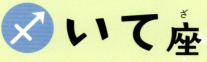

11/23〜12/21生まれ いて座

運動神経も頭脳も どちらもすぐれたカリスマ

いて座の由来は、上半身は人間、下半身は馬の姿をしたケイローン。強くてかしこいケイローンのように、運動神経はバツグン！ さらに、「これはなんだろう？」と気になることを調べてつきとめる頭のよさももつ、うらやましいタイプ。みんなをまとめるリーダーシップとカリスマ性があり、まわりの人にもしたわれているよ。

ラッキーアクション

運動で チャンスをゲット

体を動かすと運気アップ。あちこち出かけたり、朝に運動したりすると頭がスッキリ！ チャンスに反応できるよ。

Chapter 2　星座うらない

友だち運

みんなに好かれる人気者!

明るくて親しみやすい性格のあなたは、いつもたくさんの友だちにかこまれているよ。目立つので、「友だちになりたい！」と話しかけられることも多そう。同じ趣味や目標があれば、心からわかり合える親友に♪

将来の仕事運

世界をまたにかけて大かつやく!?

フットワークの軽いあなたには、いそがしいくらいがちょうどいいみたい。世界中をとび回って、現地の人と仕事をすると大かつやくできる予感。頭のよさをいかして大学の教授や作家、法律に関わる仕事につくのも◎。

12/22〜1/19生まれ やぎ座

クラスをまとめる委員長タイプ

羊かいと羊を見守る神であるパンがモデルのやぎ座。あなたには、パンと同じように、みんなを見守ってじょうずに導く特別な才能があるよ。クラスの意見をまとめたり、段取りを整えたりするのが大とくい！　あなたが先頭に立てば、行事やイベントも大成功のはず。その一方で、キズつきやすくせん細なところもあるよ。

ラッキーアクション
小さな目標を立てよう

「毎日10分ピアノを練習！」など、無理なくできる目標を立ててみて。一歩ずつ前に進めば、自信がわいてくるよ！

Chapter 2 星座うらない

友だち運

ひそかにあなたを
たよっている人多し!

さわがしいのは苦手だけど、大人数のなかでこそかがやくあなた。みんながこまったりケンカしたりしないよう、じょうずにバランスをとるよ。あなたがいるとなんだかうまくいくなあと、感じている人も多いみたい。

将来の仕事運

がんばりが認められる
仕事を選ぼう★

手ぬきをせず、努力をおしまないあなたは、どんな仕事でもキチンと結果を出せるよ。そのがんばりを認めてくれる場所で働くと、さらにステップアップできそう！ 責任感が強いから、公務員やお店の経営者も◎。

みずがめ座

1/20〜2/18生まれ

ほかにはない才能を もつ天才！

神さまたちのお酒をつぐ係だった美しい少年がモデルのみずがめ座。神さまのなかでもいちばんえらい神さま、ゼウスの大のお気に入りだった彼のように、みずがめ座の人はクラスのみんなから特別と思われやすい存在。だれにもまねできない才能をもっていて、いつも人に流されず、自分らしく生きる強さがあるんだ。

ラッキーアクション
信念を つらぬいて！

自分が信じることをしっかりやりぬこう。でも、自分勝手は×。まわりの人に協力してもらうことが大事だよ。

Chapter 2 星座うらない

友だち運

だれとでも個性を認め合える！

ブレない感覚をもっているあなた。相手の個性もスッと受け入れて、どんなタイプの人とも仲よくなることができるよ。ただし、ベタベタするのはちょっと苦手。友だちともちょうどいい距離でつき合いたい人なんだ。

将来の仕事運

どんな仕事でも成功！会社を作るのも◎

「やりたい！」と思った仕事なら、どんな分野でも成功できるのがみずがめ座。自分の力でやりぬこうという気もちが強いから、お店をもつのもオススメ。税理士や弁護士、エンジニアもあなたの頭のよさをいかせるよ。

2/19〜3/20生まれ うお座

愛にあふれた 心やさしい芸術家

うお座のモデルは、ピンチを切りぬけるために魚に変身した神の親子といわれているよ。この親子はどちらも愛を担当する神。だから、うお座の人はやさしくて、とてもロマンティック。好きな人たちの幸せをいつも願い、こまっている人は見すごさないあたたかい心のもち主だよ。芸術的なセンスにもめぐまれているんだ。

ラッキーアクション

自然や芸術に ふれてみて

自然豊かな公園を散歩したり、花を育てたりするとリラックスできるよ。ダンスや絵、音楽に打ちこむのも◎。

Chapter 2 星座うらない

友だち運

助け合える
最高の友だちができる

だれに対しても親切なあなたには、自然と友だちが集まってくるよ。かべにぶつかったときは助け合う、理想的な友だち関係が作れるのがうお座の才能。友だちが大好きだからこそ、相手の影響を受けやすくもあるよ。

将来の仕事運

あこがれの芸能界で
大かつやく!?

アーティストやダンサー、アイドル、声優になれば、ほかの人にはない才能が開花！ 生まれもった魅力を発揮して、ものすごく人気が出そう。動物のお世話や自然を守る仕事も、心やさしいあなたにピッタリだよ♪

星座いろいろランキング

それぞれの星座がもつ魅力をランキングで発表するよ！
あなたはどこにランクインしているかな？

モテモテ星座

1位 てんびん座
どんな相手とも出会ったその日に仲よくなって、大もりあがり！ 男の子からも女の子からも人気バツグンだよ。

2位 ふたご座
マジメな話から笑える話まで、どんな話題にも対応！ あなたと話すのをみんな楽しみにしているよ。

3位 かに座
気さくでやさしいあなたは、みんなから大人気♪ おまけに思わず守りたくなっちゃう魅力があるよ。

カリスマ星座

1位 おひつじ座
どこにいても注目度No.1！ どうどうとしているから、前に立つだけでみんなの目を引いちゃうよ。

2位 さそり座
ひかえめなのに存在感があるさそり座。クラスのボスのようなポジションになっているかも!?

3位 しし座
人をまとめる力があって、だれからもたよりにされているよ。先頭に立てば、みんなが自然とひとつに♪

たよれる星座

1位 かに座
気配りじょうず。こまっている人がいると「大丈夫？」と、声をかけて手をかしてあげるよ。

2位 おとめ座
細かいところまで気がついて「あと5分だよ」「わすれものはない？」なんて、声をかけるしっかり者！

3位 おうし座
のんびりやに見えて、じつは世話焼きタイプ。「こうやるといいよ〜」と、やさしく教えてくれるよ。

Chapter 2 星座うらない 星座いろいろランキング

未来のお金もち候補星座

1位 おうし座
どちらがとくで、どちらがそんか、見てすぐわかる才能をもっているよ。節約のしかたにもくわしくなりそう。

2位 やぎ座
ほしいもののためならいくらでもがんばれるあなた。毎月少しずつおこづかいを貯めて将来はお金もちに!?

3位 いて座
生まれつき金運にめぐまれたラッキーなタイプ♪ まわりのオトナたちからおこづかいをもらえることも多いよ。

ほっこりいやし系星座

1位 うお座
いるだけで、まわりの人をキュンとさせちゃうかわいらしさをもつあなた。すなおにあまえれば魅力アップ♪

2位 かに座
かに座ならではのゆったりとしたペースとやわらかなオーラが、みんなをホッとなごませるよ。

3位 てんびん座
友だち同士をうまくとりもつムードメーカー。あなたがいると、その場がふわっと明るくなるよ。

わが道を行く星座

1位 みずがめ座
人は人、自分は自分！まわりがなにをしていても、自分の気もちを大事に、まっすぐ進んでいくよ。

2位 おうし座
いつでもどこでもマイペース♪ 人とくらべることはせず、自分らしくいつものペースを守りつづけるよ。

3位 さそり座
独特の感性をもっていて、まわりがびっくりすることもしばしば。でも本人はぜ〜んぜん気にしてないみたい。

出世しそうな星座

1位 やぎ座
一歩一歩は小さくても、ちりも積もれば山となる！少しずつ、でも確実に結果を出して、将来大かつやくしそう！

2位 いて座
すでに人を引っぱるリーダーシップが身についているよ。いずれはたくさんの社員をまとめる社長さんに!?

3位 ふたご座
空気を読む力がズバぬけていて、今すべきことがパッとわかる人。チャンスの気配もビビッと察知！

ミステリアス星座

1位 さそり座
「神秘的でなにを考えているかわからない……」だからこそ、みんなはあなたから目がはなせなくなっちゃうみたい！

2位 うお座
ふだんはやさしく、おだやかなお座。じつは独特な世界観をもっていて、芸術家としての才能を秘めているよ。

3位 おとめ座
むやみに本音を出さないもの静かなタイプだけど、するどい視点でまわりを見ているなぞめいた雰囲気のもち主。

アイドル星座

1位 しし座
明るくはなやかなあなたは、生まれながらのアイドル！歌やダンスの才能を育てていけばトップアイドルに☆

2位 てんびん座
チャーミングで明るくて、おまけにユーモアのセンスもバツグン♪そんなあなたに、みんながあこがれているよ。

3位 うお座
あなたの一生けんめいな姿に心をつかまれちゃう人続出！自然にふるまっていてもふしぎとファンが増えるよ。

Chapter 2 星座うらない 星座いろいろランキング

お笑い芸人星座

1位 ふたご座
一見おもしろみのないできごとも、ふたご座が話せば大ばくしょう！そのトーク力で教室はまるでステージに♪

2位 しし座
だいたんなあなたは、人前でのパフォーマンスが大とくい。体当たりの芸でみんなをもりあげよう！

3位 みずがめ座
マニアックな話題ならおまかせ！独特な語り口に思わず聞き入っちゃう人続出で、じわじわと注目の的に。

世界で大かつやく!?星座

1位 いて座
チャレンジ精神おうせいなあなた。思いきって海外にとび出せば、ワクワクがもっともっと広がりそう！

2位 みずがめ座
わけへだてなく、だれとでも仲よくなれるみずがめ座。きっと海外でも友だちがたくさんできるよ。

3位 おひつじ座
知らない土地でもがんばれるタフさと、冒険心に満ちたおひつじ座なら世界を舞台にかつやくできそう！

プロ顔負けの職人星座

1位 おとめ座
もち前のねばり強さと器用さは、まさに職人向き！オトナもびっくりのスゴ技を身につけそう。

2位 おひつじ座
根っからの負けずぎらい！「だれにも負けないぞ！」と、がんばりつづけるうちに高い能力のもち主に。

3位 やぎ座
やると決めたら、かならずやりとげるあなた。地道にステップアップしてプロ級の知識とわざをゲット！

星座 × 血液型 うらない

星座と血液型の組み合わせで、さらにくわしい性格がわかるよ。
自分やまわりの人のこと、もっと知っちゃおう♪

♈ おひつじ座

O型
とにかく目立ちたい！
注目を集めるのが大好き！笑ってもらったり、おどろかれたりすると、うれしくて、もっと目立つことをしたくなるよ。

A型
裏のないすなおさ
おひつじ座のなかでもとくに正義感が強くてマジメ。まっすぐな心をもち、いつもいちばんになるために一生けんめいだよ。

AB型
本質を見ぬく実力者
ものごとの本質をズバッといい当てる頭脳派。オリジナリティあふれるセンスでカリスマ的な人気を集めるよ。

B型
2つの顔を使いこなす！
マジメさとユーモアをかねそなえたあなた。みんなを笑わせたと思えば、ビシッと決める！とっても器用なタイプだよ。

♉ おうし座

O型
じつはちゃっかりさん♪
たっぷりの愛で、みんなを包みこむ器の大きな人。ちゃっかりしたところもあって、ほしいものはぜったいにのがさないよ。

A型
マイペースな努力家
やりたいことを見つけたら、できるまでつづけるがんばりやさん。まわりは気にせず、自分のペースを守る心の強い人。

AB型
ひそかに趣味を満喫！
自分だけの楽しみをもっているあなた。わかってくれる人を見つけると、ついおしゃべりが止まらなくなっちゃいそう！

B型
楽しみはわけ合いたい！
ワクワクすることやおいしいものが大好き！お気に入りを見つけたら、人にも教えて、いっしょに楽しみたいタイプ。

76

Chapter 2 星座うらない 星座×血液型うらない

♊ ふたご座

O型 — 根っからの芸人気質
おもしろいことが大好きで「クラス全員を笑わせたい！」なんてひそかに思っているよ。機転がきくからピンチにも強いんだ。

A型 — 器用になんでもこなす！
頭のよさと熱心さをかねそなえた秀才さん。少し心配性なところもあるけれど、どんなこともサラッとこなす万能タイプだよ。

AB型 — 切れ味バツグン！
どこかまわりとちがった雰囲気をもつあなた。人なみはずれた観察力で、ポツリとキレッキレのひとことを放つよ。

B型 — ハマったら一直線！
好きな分野の本なら丸暗記しちゃうほど、とことんのめりこむあなた。まわりから「〇〇博士」なんてよばれているかも。

♋ かに座

O型 — みんなの心のよりどころ
いつも「あなたに相談したい！」という人にかこまれている面倒見のいい人。あなたも、たよられるのがうれしいみたい♪

A型 — 天使のやさしさ♪
こまっている人をぜったいに見すごさない、思いやりのあるあなた。植物やペットのお世話も好きで、積極的に引き受けるよ。

AB型 — 無意識にツンデレに
クールだけど、仲よくなると人なつっこさを発揮。その場に合わせて、自分を出したり引っこめたりできる器用な人だよ。

B型 — ピュアな愛されタイプ
楽しいときは大笑い、泣きたいときは大号泣！ 友だちのためになんでもする！ そんなすなおなところが愛されているよ。

♌ しし座

O型 — 目立つことが生きがい！
人前に出て注目をあびることが、あなたの力のみなもと。いつもかがやいていたいから、見えないところでの努力も欠かさないよ。

A型 — バランスのよさが魅力！
キチンとしているけど、遊ぶのも大好き！ ルールを守りながら、みんなとおもしろいことを見つける、メリハリのある人。

AB型 — 一味ちがう才能アリ！
今までになかったものを生み出すクリエイティブなあなた。自分らしさにほこりをもち、ユニークな発想ができるよ。

B型 — チャレンジしつづける！
みんなを巻きこみながら、新しいことにどんどんチャレンジしていくよ。そんなあなたのまわりは笑いがたえないみたい♪

♍ おとめ座

O型 — 自分らしさが大事♪
モノ作りが大好きで、だいたんな作品にいどむことも。まわりの意見より、自分の心にしたがうタイプだよ。

A型 — きちょうめんさNo.1！
そうじをするならスミからスミまで、字を書くならていねいに。なにごともきっちりしたい、きちょうめんな性格だよ。

AB型 — かくれた野心家！
あまり本心は見せないけれど、ひっそりと高い目標を目指してがんばっているよ。チャンスを見のがさない注意力もバツグン！

B型 — アイデア力はピカイチ
ユニークなものを作る才能にめぐまれたあなたは、図工の時間にけっ作を生み出しちゃうかも！ 人の気もちを読む力も◎。

78

Chapter 2 星座うらない 星座×血液型うらない

♎ てんびん座

O型 — 天性の世わたりじょうず
ニコニコと笑顔をたやさない友だちいっぱいのあなた。自然とみんながうまくいくように立ち回るバランス感覚があるよ。

A型 — 空気にはびんかん！
とってもオシャレで、「キチンとした人」という印象をあたえているあなた。空気を読んで発言する慎重さもあるよ。

AB型 — ひそかにファン多し！
目立たないけれど、ちょっとしたひとことで注目を集めちゃうカリスマ性をもつあなた。ひそかにあこがれている人も多そう。

B型 — 本当は気配りや！
お調子者に見えて、じつは慎重にものごとを進めたいタイプ。相手のようすを見て、どんな話ならよろこばれるか考えているよ。

♏ さそり座

O型 — みんなの力で成功へ
イベントでは、だれよりもはりきっちゃう！一致団結するのが好きで、みんなのやる気を引き出すのがじょうずなんだ。

A型 — 「好き」に全力投球！
まわりがなんといおうと、自分の「好き」をつらぬくポジティブなタイプ♪ 好きなものについて何時間でも話せちゃうよ。

AB型 — 気になることにズバッ！
その気になれば、先生だっていい負かす、するどさをもっているよ。ズバッと切りこむクールな姿を尊敬している人も。

B型 — キレキレのツッコミ力
ワイワイすごすのが好きな一方、まわりの空気にのまれないマイペースさん。仲よしな子の前では、するどいツッコミも！

♐ いて座

O型 **にくめない正直者**
正直でおおらかな性格にたくさんの人が引きつけられているよ。ちょっぴりおおざっぱなところもあるけど、それはご愛嬌。

A型 **ズルは見のがさない！**
正義感が強く、ズルはぜったいにゆるさない！ 相手が年上でもためらわず注意するあなたに、オトナたちもたじたじ!?

AB型 **興味のままどこまでも！**
気になったら調べずにいられない好奇心のかたまり。歴史や自然など、はば広く興味をもち、直接確かめに行くことも。

B型 **むじゃきなパリピ♪**
生まれついてのパリピタイプ！「たいくつなんて大きらい！」と、新しい遊びを思いついては友だちと元気にすごしているよ。

♑ やぎ座

O型 **ときにはわがままに！**
小さなころからしっかり者で、オトナからもたよられるあなた。ときには思いきって、すなおな気もちをいっちゃおう！

A型 **継続は力なり♪**
決めたことを毎日つづけるのがとくい。ポイントがたまるのがうれしいからこそ、習慣がくずれるのはさけたいみたい。

AB型 **自分にきびしくがんばる**
目指す姿に向かって努力しつづける人。大きな目標を達成するための小さな目標を立てて、少しずつクリアしていくよ。

B型 **要領よくスマートに**
マジメだけど、要領がよくて手をぬくのがじょうず。いいかげんにするわけじゃなく、効率のよい方法を見つけるタイプだよ。

80

Chapter 2 星座うらない 星座×血液型うらない

みずがめ座

O型 — オトナとも仲よし♪
クラスの子はもちろん、近所の人から、先生まで、あちこちに仲よしが。いろんな人と話して世界を広げていくタイプだよ。

A型 — 研究者なみの分析力
ものごとのしくみが気になったり、それを教えてくれる人の話に興味しんしんだったり。あなたはまさに研究者気質だね!

AB型 — じつは一匹おおかみ!?
いろいろなタイプの友だちがいるけれど、急にひとりでフラッといなくなることも。協調性と気ままさをかねそなえているよ。

B型 — 冷静だけどフレンドリー
人を観察するのがとくいで、冷静に全体を見わたしているよ。一歩引いているように見えるけど、じつは気さくで話しやすい人♪

うお座

O型 — 推しがパワーのもと♪
好きな人や推しが生きがい♡ みんなにもよさを知ってもらいたいから、一度好きなものの話を始めたら、一日中止まらないよ!

A型 — いちずでロマンチック♪
かわいいものやうらないが大好き! 友だちや家族も大好きで、好きな人たちのためなら、なんだってする愛情深さがあるよ。

AB型 — 空想の世界をかけめぐる
ファンタジー好きで空想力豊かなあなた。物語やマンガ、アニメに夢中になるだけじゃなく、自分の作品を作る才能も◎。

B型 — 熱しやすさは人一倍!
いつもネットやテレビで流行をチェック!「これ!」というものを見つけたらとびついちゃうミーハーなところがあるよ。

おまじない Part 2

親友がほしい！
朝、鏡の自分を見つめて！
朝、顔をあらったら、鏡のなかの自分の目を1分間見つめよう。1分たったら「今日もいい出会いがあるよ」ととなえて、鏡の顔に指で丸を書いてね。毎日つづけると効果が出るよ♪

楽しくすごしたいから
友情が深まるおまじない

友だちと同じ班になりたい
赤いリボンを友だちと交かん
こい赤のリボンを2本用意。友だちと1本ずつもち、それぞれの名前を書いたらリボンを交かんして、いつも身につけていよう。班決めの1週間前ぐらいからやるといいよ。

友だちと仲直りしたい
トイレットペーパーを流す
トイレットペーパーを短く切って、「〇〇ちゃんとのケンカ」など「なかったことにしたいこと」をペンで書くよ。こっそりトイレに流せば、1週間以内に仲直りできるはず。

Omake ひみつのおまじない

ひみつの

苦手な人と会いませんように

おけのお湯を一気に流して!

風呂おけにお湯を入れよう。そのお湯を見つめながら、相手の顔を思いうかべたら、「えい!」と、一気に流しちゃおう。これを7日間つづけると、苦手な人と会いにくくなるよ。

なやみを解消!

嫌なことがなくなるおまじない

こわい夢を見ませんように

花にかこまれた自分を書こう!

小さな紙にピンクのペンで、たくさんの花と花にかこまれている自分を書こう。「お花が夢のなかでわたしを守ってくれます」と、となえたら、絵をまくらの下に入れて眠ってね。

緊張しませんように

星形の折り紙がお守りに☆

黄色の折り紙を星形に切ろう。着ている服の内側に両面テープでつけたら、人に見られないように「リラックス、リラックス」と、となえてみてね。ふっと心が楽になるよ。

オバケーヌ図鑑②

ファンタジー族

テンシーヌ
やさしい性格。空をとべる白い羽で旅行に行くのがしゅみ。30ページも見てね。

アクマーヌ
いじわるだけど笑顔にくめない、ずるいやつ。テンシーヌと仲よし。

ユニコーヌ
コーディネートの相談にのるファッションリーダー。20ページも見てね。

メカーヌ
コンセントを引っかけるドジっ子。ねじまきが止まるとシャットダウン。

ワタゲーヌ
風にのってぼうけんするのが好き。もふもふの体だけど、雨の日はしめって重くなっちゃう。

ユーフォーヌ
うちゅうと交信できるふしぎちゃん。しゅみは天体観測。10ページも見てね。

ガオーヌ
こわそうだけどじつはかわいいものが大好きな恐竜のオバケ。

フラワーヌ
芽から成長し、花をさかせたオバケ。フラダンスのような動きをする。

84

Zukan 2 キャラ図鑑

ヨツバーヌ
かくれんぼがとくいで、めったに出会えないレアな子。見つけたら幸せになれるかも!?

フェアリーヌ
森でくらす、お花が大好きなようせいのオバケ。フラワーヌと仲よし。

クモーヌ
もっくもくの雲のオバケ。みんながのっかりたがるけど悪い気はしないみたい。

ソラーヌ
空が好きすぎるオバケ。その日の空もようが体にうかびあがるようになったらしい。

ピエローヌ
こわくないピエロのオバケ。みんなを楽しませたくてすぐおどけちゃう。

オウチーヌ
オバケーヌたちを乗せたままいどうもできる。22ページも見てね。

スターヌ
キラキラまたたく星のオバケ。動く姿は流れ星のよう。みんなに夢を見せてくれる。

ネコ族

スコティーヌ
たれ耳がキュートなアイドル的存在。ピヨコーヌと歌うのが楽しい。

チビニャンコーヌ
ネコ耳があって、おチビでキュート。いつか大きくなることを夢見ている。

ニャンコーヌ
あざとかわいくて元気で、よくはしゃぐよ。12ページも見てね。

ミケーヌ
なでるととけそうな顔になる、いやし系のミケネコのオバケ。

ペルシャーヌ
ふわふわな毛なみはみんなのあこがれ。新作のコロンを試すのがしゅみ。

トラネコーヌ
しまもようがとくちょう。ツンデレだけど、にぼしをもらうとデレデレ。

マネキーヌ
コバンをスケボーがわりにしちゃう。出会うと福がやってくるよ！

イヌ族

マルチーヌ
ふわもこなマルチーズのオバケ。マシュマロなどのあまいものが好き。

シバーヌ
ケンカしたことのない、世わたりじょうずなシバ犬のオバケ。野球が好き。

ワンコーヌ
フレンドリーなプードルのオバケ。温泉とサウナ、バイキングが好き。28ページも見てね。

ダルメシーヌ
黒ぶちもようのあるダルメシアンのオバケ。しゅみは兄弟たちとのチェス。

シュナウヌ
まゆげとひげがおじいちゃんっぽいシュナウザーのオバケ。しゅみは読書。

◀ つづきは99ページだよ

Chapter 3

名前うらない

下の名前の最初の音で恋愛運がうらなえるよ。
あなたと相性のいい名前もわかっちゃう！

あなたの下の名前の最初の音で、恋愛運と、相性ぴったりの相手がわかっちゃうよ。例えば「ひな」なら「ひ」、「れん」なら「れ」のところを見てね。

注意
- 「゛」(だく点)や「゜」(半だく点)を取った音でうらなおう。
- 「を」の人は、「お」の結果を見てね。

ちょっぴり引っこみ思案なあなた。気になる相手が目の前にいると、うまく言葉が出なくなっちゃうみたい。でも、じつは話を聞くのがとってもじょうず♪ あなたが聞き役になることで、相手はどんどん話したくなるよ。

相性のいい名前 ｜ た、ね、る

恋愛に興味しんしんで、すぐに好きな相手があらわれそう。気になる相手でも緊張せずどんどん話しかけるから、仲よくなるのもあっという間！ 楽しいデートのプランを立てて、相手をよろこばせるのもとくいだよ。

相性のいい名前 ｜ な、み、り

恋に恋するロマンティックなタイプ。年上の人や、手のとどかない人を好きになっちゃうことも多いはず。楽しいことやサプライズが好きなので、おもしろい人をさがして話しかけてみて。あっという間に意気投合しそうだよ！

相性のいい名前 ｜ さ、へ、れ

恋をすると、ちょっぴり慎重になりやすいよ。それは、あなたが好きになった相手との関係を、ゆっくり大事に育てたいと思っているから。恋を始めるには時間がかかるけど、始まったら長つづきさせられるよ。

相性のいい名前 ｜ や、の、よ

のめりこみやすい性格で、もちろん恋にも一直線！ 好きな人ができたら、もう夢中♡「もっといっしょにいたい！おしゃべりしたい！」という気もちで頭がいっぱいに。できることはなんでもしてあげたくなっちゃうよ。

相性のいい名前 ｜ て、の、め

88

Chapter 3 名前うらない

あなたは与えることで、さらにかがやくタイプ。みんなによろこんでもらえるならどんどんやるし、「ありがとう」のひとことでつかれなんてふっとんじゃう！ それは好きな人にも同じ。あなたに愛された人は幸せだね♡

相性のいい名前 え、る、や

好きな人は、遠くからそっと見守っていたいあなた。ドキドキして話しかけられないときは、元気にあいさつすることから始めてみよう。仲よくなったら、自分より相手を優先する「つくすタイプ」になりそう。

相性のいい名前 う、ね、も

あなたは、ふわふわと想像の世界にひたるより、現実の世界を充実させるほうが合っているみたい。だからこそ好きな人ができたら、「ちゃんとつき合いたい」と積極的にアタック！ 相手のハートをがっちりつかまえるよ。

相性のいい名前 と、も、む

あなたは自分にも他人にもきびしく、高い目標をもっている人。恋愛でも理想が高め。年上の人や、クラスでいちばんモテる人を好きになって、「ぜったいにふり向かせるんだから！」とえるタイプだよ。

相性のいい名前 あ、み、ま

大事なものは、おくにしまって守っていたいと考えるやさしい性格。恋心も自分のなかだけで、ひっそりあたためておきたいみたいだよ。もし、もう一歩進みたくなったら、あなたらしい笑顔で自然に話しかけてみてね。

相性のいい名前 ち、ゆ、ほ

考えるより、まず動き出すフットワークの軽さがあなたのもち味！　好きな人ができたら、まようことなくアプローチするよ。相手を待つより、自分からグイグイいきたい「追われる恋」より「追う恋」に向いているタイプ♪

相性のいい名前	お、そ、な

「ぜったいに手に入れたい！」というものを見つけたら、わき目もふらず向かっていくあなた。そのまっすぐさがじつはとっても魅力的。きっと相手もあなたの一生けんめいさに、ぐっと心をつかまれているはずだよ！

相性のいい名前	け、ふ、み

あなたは心配性で慎重派。恋愛でも同じで、「本当にこの人でいいの？」「相手はなにを考えているの？」と、ようすを見ることから始めるかも。キチンと確認したら、まっすぐな思いで相手と向き合えそう。

相性のいい名前	い、れ、へ

なにごとものんびりじっくり取り組みたいあなたは、恋をしても、そうかんたんには動き出さないかも。気になる相手をじっと見ているだけの時間も長いけど、一度仲よくなれば、あたたかい関係を作っていけるよ。

相性のいい名前	い、め、の

あなたはとっても積極的！　「楽しそう」と思ったことは、ためらわず挑戦するタイプ。好きな人にもどんどん話しかけて、ストレートに気もちを伝えるよ。その行動力こそ、あなたの恋が実りやすい理由なんだ☆

相性のいい名前	ひ、り、わ

Chapter 3 名前うらない

つ
男女問わずたくさんの友だちがいるあなたは、いつもみんなの中心にいるよ。カラッとした性格に引かれて、いろいろなタイプの人に好かれるけれど、明るくて楽しいことが好きな人と恋に落ちそう♡

相性のいい名前 す、ら、ろ

た
好きな人ができたら、ふり向いてもらうための努力をコツコツ積み上げていくよ。あなたはすぐに結果が出なくても、あきらめずがんばれる人。恋愛でも同じように、あせらず少しずつ相手と仲よくなっていってね♪

相性のいい名前 こ、れ、に

て
あなたは、好きなことをとことんきわめたいオタク気質。たくさん恋をするタイプではないけれど、一度好きになったらかんたんに気もちが変わることはなく、ずっと同じ相手を思いつづけるよ！

相性のいい名前 き、よ、せ

ち
いつでも自分のペースをくずさないクールなタイプに見えて、じつはアツい心を秘めているあなた。好きな人にもいつもどおり落ち着いてせっするけど、胸のおくにある強い思いがじわじわと伝わっていくはずだよ。

相性のいい名前 え、ま、ふ

と
ねばり強さがあるタイプ。責任感も強く、まわりのみんなをフォローしつつ、まとめる力があるんだ。そんなあなたに引かれる人も多いはず♡ 好きになってくれた相手の思いにこたえることが、あなたのよろこびになるよ。

相性のいい名前 せ、や、そ

ぬ まわりの人を助けることが大好きなあなた。しっかりしている人よりも、なんだかほうっておけなくて、守ってあげたくなるような相手に引かれやすいよ。年下の子と恋に落ちちゃう可能性も高いみたい♡

相性のいい名前　ほ、よ、ぬ

ね あなたは、とぎすまされた感性をもっていて、ほかの人が気づかないことにも気づくするどい人。外からは見えにくいやさしさを見つけることがとくいなので、まわりから見たら意外な人を好きになるかもしれないよ。

相性のいい名前　う、か、て

な チャレンジ精神おうせいでがんばりやさん。目標ができると、ぐ〜んとやる気が出るあなたは、恋愛でも、きょうそうりつの高い人に挑んでいくタイプだよ。もち前のガッツで、相手の心をバッチリつかんじゃおう♪

相性のいい名前　ひ、ろ、ち

の がんばりやさんで、「かべはのりこえるもの！」といいながら、実際にのりこえていくパワーをもっているあなた。好きな人に対してもいちず！ 相手のいいところをほめてのばしながら、自分もいっしょに成長できるよ☆

相性のいい名前　お、く、ね

に 自分にはないものをもっている相手に引かれるみたい。気の合うタイプよりも、なにを考えているのかわからない相手を好きになりそうだね。恋を通して新しい世界にふれることで、あなたはもっと魅力的になるよ。

相性のいい名前　へ、む、た

92

Chapter 3 名前うらない

いつも心をときめかせていたいあなた。見たことがないもの、知らないものに興味しんしんだから、自分とはまったくちがうタイプの相手にひかれやすいよ。その人といるだけで、毎日ワクワクできるみたい☆

相性のいい名前 | き、さ、ら

あなたの武器はそのポジティブさ！ プラス思考で、つき合う前から「どこでどんなデートをして、なにを食べるか」まで思いをめぐらせているし、それをかなえるためにどうどうと思いを伝える強い人なんだ。

相性のいい名前 | つ、ぬ、す

「思い立ったが吉日」と、なんでもすぐに取りかかるアクティブなあなた。「好き！」と思ったらその場でまよいなく話しかけるし、好きな気もちをかくさず伝えるよ。そのすなおさとエネルギーはきっと相手にもとどくはず！

相性のいい名前 | あ、ら、つ

そこにいるだけでみんなをなごませる、いやし系のあなた。「話を聞いてほしい」「いっしょに遊びたい」という人から、声をかけられることも多くて、知らず知らずのうちにモテモテになっているよ♡

相性のいい名前 | し、わ、ひ

どちらかというと、相手に合わせるのがとくいなタイプ。話を聞くのがじょうずだから、じつはモテ度が高いんだ。自分からグイグイといくよりも、相手からアタックされることのほうが多いみたいだよ♡

相性のいい名前 | け、ゆ、か

仲よくなれそうな人を直感で見ぬくあなた。さらには、どうしたらその人ともっと仲よくなれるのか、どんなことをしたらよろこばれるのかもわかっちゃうよ。だからこそ、ひと目ぼれしやすいところもあるみたい。

相性のいい名前　く、に、し

 好奇心が強くて、本当のことを知りたいタイプ。だからこそ好きな人には正直でいたいし、相手にもそうしてほしいんだ。成長する方法を見つけるのがとくいだから、いずれはみんながうらやむオトナなカップルに！

相性のいい名前　た、て、え

 あなたには、人気が出そうな人やかつやくしそうな人が、なんとなくわかる才能があるみたい。恋愛でも、自分と相性のいい人が自然とわかっちゃうよ。きっかけさえ作れば、仲よくなるのは時間の問題だよ♪

相性のいい名前　は、る、く

 ちょっぴりはずかしがりやで、恋をしてもしばらくは行動を起こさないかも。けれどあなたは、まわりの人をじょうずに支えるしっかり者。そんな姿を見て「すてきだな」と思っている人が、かならずそばにいるよ。

相性のいい名前　す、り、は

 元気のない人をはげましたり、勇気をおすそわけしたりするのがとくいなあなた。好きになった人のことも、もちろん全力でおうえん！　その気もちが相手にとどいて、おたがいを支え合う関係になれるはず♡

相性のいい名前　か、し、と

94

Chapter 3 名前うらない

や
あなたには、ものごとを進めていく力と、つづける力の両方があるよ。恋をしたらその力を存分にいかして、積極的に相手にアプローチ！ めでたく恋人になったあとも、まわりがうらやむすてきな関係をつづけられるよ。

相性のいい名前 ｜ ぬ、ろ、う

ら

友だちをどんどん輪の中に巻きこんで、みんなでにぎやかにすごしたいあなた。まわりにはいつもたくさんの友だちがいるよ。そのなかに、あなたのことを真剣に見つめている人がいそう。恋に発てんするかはあなたしだい♡

相性のいい名前 ｜ つ、ま、に

ゆ
楽しいことをさがしては、キョロキョロとまわりを見わたしているあなた。好きな相手とも、遊びながら自然と仲よくなれそう。おもしろいことを見つけてはチャレンジする、いつも笑顔のカップルになれるよ。

相性のいい名前 ｜ ち、わ、さ

り

「じっとしているなんて、がまんできない！」というあなたの元気とスピードに、負けないくらいパワフルな人を好きになりそう。思いっきり遊んで思い出がふえるたびに、ふたりの距離も近づいていくよ。

相性のいい名前 ｜ こ、ふ、あ

よ

「告白するからにはぜったいに成功したい！」というあなたは、好きになった人をよく調べるタイプ。「調べている間にほかの人といい感じに！」なんてことのないように、まずは声をかけてみるのも大事だよ。

相性のいい名前 ｜ せ、む、お

自分だけではできないことを、みんなで協力して作りあげたいあなた。だからこそ、行事やイベントを積極的にもりあげてくれる人に思わずキュン♡ふたりでタッグを組んで、イベントも恋も大成功させちゃおう！

相性のいい名前　ほ、め、け

新しいもの、めずらしいものが大好き！最新の流行をチェックして、今を全力で楽しむあなたは、好奇心おうせいで行動力のある人を好きになりそう。いつもワクワクしながら挑戦する人と引かれあう運命に♡

相性のいい名前　そ、は、ゆ

思いやりがあって、おだやかなあなた。とびっきりのいやしオーラをもっていて、だれとでも仲よくできるから、とにかくモテるタイプだよ。あなたを好きな人はたくさんいるけれど、とびきりやさしい人と幸せになれそう♪

相性のいい名前　な、も、き

知らない場所でもためらいなくとびこんでいくあなたは、恋愛も猪突猛進！　その勢いをいかして、自分からリードしたほうが恋が実りやすいよ。ブレーキなんてあなたには不要。そのますなおにつっ走ろう！

相性のいい名前　と、に、い

Omake ちっちゃなアクマうらない

ちっちゃなアクマうらない

だれの心の中にもすんでいる、ちっちゃなアクマ……。
あなたの心にはどんなアクマがひそんでいるかな？

Q 森へ宝さがしに行くよ。
あなたの気もちに近いのは？

A ぜったいに宝物を見つけるぞ!!

B まあ、テキトーに楽しもう

C だいじょうぶかな……、ドキドキする

D 地図やもちものを確認しなくちゃ

◀結果は次のページだよ

97

あなたのなかにひそむ ちっちゃなアクマって?

B を選んだあなた

もりすぎアクマ

人に合わせて 話をもりがち!

どんなタイプの人でも仲よくなれるあなた。一方で、相手に合わせてコロコロ意見を変えたり、つい話を大きくもっちゃったり。無理をしないで、すなおなあなたをもっと見せていって。

A を選んだあなた

わがままアクマ

やりすぎると わがままに見られる

とっても前向きで、ものおじしないタイプ。みんなの先頭に立ってぐんぐん進んでいくよ。けれどやりすぎると、まわりからはわがままに見えそう。ほかの人のペースや意見も大事にしてね。

D を選んだあなた

がんこアクマ

自分にも人にも きびしくなっちゃう

マジメながんばりやさん。ルールを守ることをとても大事にしていて、いいかげんな人を見ると、ついイライラしちゃうよ。「もしかしたら相手にも理由があるのかも」と考えるクセをつけてみて。

C を選んだあなた

気まぐれアクマ

気もちがしずむと なげやりに……

あなたは相手の心によりそえるやさしい人。だからこそ、キズつきやすい面もあって、うまく気もちを切りかえられないときがあるみたい。なげやりにならず、自分の心にもよりそってあげてね。

オバケーヌ図鑑③

ミズ族

ペンコーヌ
マジメでユーモアのあるペンギンのオバケ。でも、よくころんじゃう。

ラッコーヌ
お気に入りの貝がらをもったラッコのオバケ。クリオーヌと仲よし。

ウーパーヌ
おとめなウーパールーパーのオバケ。ペンコーヌにかた思い中。

カメーヌ
の〜〜んびりしているけど走ると速いカメのオバケ。ベッドが好きで、ずっと寝ていたい。

クリオーヌ
ピュアな心をもつクリオネのオバケ。体がすけているよ。26ページも見てね。

イルカーヌ
泳ぎがうまいイルカのオバケ。とくぎはサメーヌのぼう走を止めること。

メンダコーヌ
いつもゆるふわなメンダコのオバケ。はずかしがりやで赤くなっちゃう。

カニーヌ
おとなしくて人見知りなカニのオバケ。ハサミはふわふわで力はよわよわ。

アナゴーヌたち
ニシキアナゴーヌ　チンアナゴーヌ
ずっとぼーっとしているのがしゅみ。無表情だけど楽しいんだって。

サメーヌ
ジャンクフードが好きなサメのオバケ。かじりつくのは愛情表現だよ。

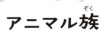

アニマル族

ウサギーヌ
長いうさ耳と丸いしっぽがかわいい、しっかり者。14ページも見てね。

ピヨコーヌ
羽のはえたヒヨコのオバケ。しゅみはカラオケで高くてんをねらうこと。

ベアーヌ
本当は白くまだけど、こんがり日にやけてこの色に。しゅみはピクニック。

メリーヌ
ふわふわなはだざわりの、ひつじのオバケ。みんなをうとうとさせるよ。

ゴリリーヌ
筋トレとサウナが好きなゴリラのオバケ。みんなのたよれるアニキ。

キツネーヌ
小さなウソをついてみんなをまどわせる、キツネのオバケ。しゅみは山登り。

パンディーヌ
はっきり意見がいえるパンダのオバケ。バレーボールと中華料理が好き。

コアラーヌ
耳と鼻が大きいコアラのオバケ。みんなにだっこされたい、かまってちゃん。

トラーヌ
顔がいいトラのオバケ。かくれファンが多いらしい。16ページも見てね。

リスーヌ
くるんとしたしっぽがかわいい、リスのオバケ。運動神けいはバツグン！

ウシーヌ
マイペースなウシのオバケ。のんびりもうそうにふけるのがしゅみ。

ミツバチーヌ
ハチだけどとぶのがちょっとヘタ。花のみつが大好物。おしりのはりはいたくないらしい。

◀ つづきは126ページだよ

Chapter 4 (チャプター)

あれこれ うらない

すぐにできる色(いろ)うらないや手相(てそう)、ほくろうらないから、トランプや10円玉(えんだま)を使(つか)う本格的(ほんかくてき)なうらないまでもりだくさん！

トランプうらない

あなたの気(き)になることを、なんでもトランプでうらなっちゃおう！

なにがわかるの？

現在(げんざい)や未来(みらい)がどうなるかわかる

今(いま)あなたに起(お)きていることや、これから起(お)こるかもしれないことをトランプが教(おし)えてくれるよ。気(き)になることがあったら、どんなことでもトランプに聞(き)いてみよう。きっとカードたちからピッタリなメッセージをもらえるはず♪

102

Chapter 4 あれこれうらない　トランプうらない

うらない方

1. トランプを用意して、心のなかでうらないたいことをとなえながらカードをきる。
2. 「ここだ」と思ったところで止める。
3. いちばん上のカードをめくり、この本を開いてカードからのメッセージを読む。

※同じことをもう一度うらないたいときは、次の日まで待ってね。

こんなことをうらなってみよう

⭐⭐「運動会で1位になれる?」
⭐⭐「今日も友だちと仲よくすごせる?」
⭐⭐「発表会はうまくいく?」

103　◀結果は次のページだよ

まわりをよく見てみよう

いったん深呼吸して。今は自分のやりたいことを優先するより、まわりをよく見て、みんなの気もちを考えてみるといいかも。状況を整理して行動すれば、きっとうまくいくよ。

なんでもうまくいくよ！

どんなこともばっちりうまくいきそう！　ただし、待っているだけではチャンスをにがしちゃうかも。自分から積極的に行動すれば、運気もぐんぐんあがっていくよ♪

楽しいことがありそう！

楽しくもりあがっていけそう。意見を出したり、まわりの意見を聞いたり、アイデアをふくらませたりすることが幸運のカギ。さらに楽しいことがあなたを待っているはずだよ。

Chapter 4　あれこれうらない　トランプうらない

みんなで協力しよう
今のあなたは、まわりの人と息ぴったり！ みんなでひとつの目標を目指すのにいいタイミングだよ。協力し合えば、大きな成功をつかんだり、いいものを生み出したりできそう。

じっくり話し合おう
やるべきことをひとつずつキチンとやっていこう。あせって空回りしやすいときなので、まずは目の前にいる人と、じっくり話して。落ち着いてマイペースに進めば大丈夫！

強い気もちでいこう！
気もちの強さが結果につながるとき。最高の結果をイメージして、「ぜったいやるぞ！」と強くちかってみよう。そのちかいが、がんばるあなたの心を照らしてくれるはず。

勇気を出してチャレンジ
がんばって自分の力を試したいとき。はずかしがらずに意見を出したり、リーダーに立こうほしたり、勇気を出してやってみよう。そのがんばりがいい結果につながるよ。

ドン！とかまえるのが吉

「なにごとも、どんとこい！」と、どっしりしたかまえでいることがポイント。まわりの人をおうえんしたり、こまっている人を助けたりすれば、いい方向に変わっていくよ。

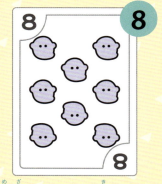

目指すゴールを決めよう

いつもよりパワフルにかつやくできるよ。自分からどんどん声をかけて、みんなを引っぱっていこう。ゴールをはっきり決めておくと、目標に手がとどきやすくなりそう。

みんなに合わせてみよう

ひとりでズンズン進むより、みんなとペースを合わせるほうがいいみたい。助けを求めている人には、そっと手をさしのべて。きっとめぐりめぐってあなたのプラスになるよ。

その場に合わせて行動！

ジェットコースターのように、山あり谷あり、いろいろなことが起こりそう。「もう決めてたのに！」というガンコさはすてて、その場に合わせて行動するとうまくいくよ。

Chapter 4 あれこれうらない トランプうらない

ジョーカー
ぜったいにあきらめない!
予想もつかないことが起こるかも。なにがあっても、まずはゆっくり深呼吸。「もうダメだ!」というときにこそ、一発逆転のチャンスが眠っていることをわすれないで。

チャンスを待って
がまんのとき。じたばたせずに待っていれば、少しずつ追い風ムードになるよ。チャンスが来たら、まよわずとびつこう! そのために、今はじっくり力をたくわえておいてね。

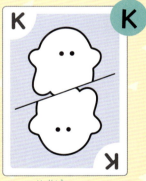

いつも以上にかつやく!
ミラクルなかつやくが期待できそう。なにをしていても、いつも以上に実力を発揮できるよ。せっかくのチャンスに、おじけづいてちゃもったいない! どうどうと自分をアピールしてね。

手相うらない

手にはその人の運勢があらわれるといわれるよ。手相の線の形や長さをよ～く見てみよう。

なにがわかるの？

性格や才能、健康運がわかる

手のひらの線のようすで運勢をうらなうことを「手相」といい、左手は「生まれつきの運勢」、右手は「現在の運勢」をあらわすよ。今回は右手のおもな3つの線でうらなう方法をしょうかいするね。

うらない方

1. 手のひらを明るいところで見る。
2. それぞれの線がどのイラストに近いか調べる。

※どれが、どの線かわからないときは、おうちの人に見てもらおう。

※手相は変わるから、半年くらいごとに見てみてね。

おもな3つの線を知っておこう

知能線
考え方や才能をあらわす線。考える長さや速さ、向いている勉強法などをうらなえるよ。

感情線
思いやりの深さや、どんな恋愛をするのかがわかっちゃうよ。

生命線
健康運をあらわす線。体の状態やパワフルさ、どのくらい長生きできるかなどがわかるんだ。

108

Chapter 4 あれこれうらない 手相うらない

生命線で健康運 をうらなおう

中指の下まで出っぱっている

スタミナに自信あり!

人なみ以上の体力で長生きできそう! スタミナも集中力もあって、勉強や好きなことにとことん打ちこめるよ。だからといって、やりすぎは×。休むこともわすれずにね。

人さし指の下まで出っぱっている

体力レベルはふつう

健康運はふつうだよ。元気にすごせるかはあなたしだい。「ごはんをしっかり食べる」「早寝早起きをする」「ほどよく運動する」など、規則正しい生活を心がけてね。

2つにわかれている

動くことで運気アップ

アクティブにすごせばすごすほど、運気がぐ〜んとアップするタイプ。スポーツも向いているよ。オトナになったら、仕事や旅行で遠くに行く機会があるかもしれないね。

二重になっている

ものすごくパワフル!

生命線が二重になっている人は、とってもパワフル。放課後はみんなと思いきり遊んで、じゅくや習いごとも全力、それでもまだまだ元気いっぱいですごせる体力があるよ!

知能線で才能をうらなおう

薬指の先までのびている

深く考える慎重派

自分がなっとくするまでじっくり考えて、答えを出したいタイプ。きちんと仕組みを理解して進めていくから、むずかしいことをわかりやすく説明するのもとくいなんだ。

薬指にとどかない長さ

ひらめきがスゴい！

暗記したり、りくつにそって答えを出したりするのはちょっぴり苦手。そのかわり、キラッと光るアイデアを生み出すのがとくい。なやむより、動き出すことでうまくいくよ。

2つにわかれている

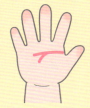

文章を書いたらピカイチ！

作文力がとびぬけていて、わかりやすく文章をまとめることができるよ。読書感想文や見学レポートはもちろん、学芸会の台本まで書いて、みんなを感動させちゃうかも！

下向きになっている

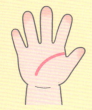

想像力ゆたかな芸術家

物語や絵、音楽を生み出す才能にめぐまれているよ。図工や音楽の授業、自由研究などもとくいで、自由な作品を次々と生み出すあなたは、将来ビッグアーティストに!?

Chapter 4 あれこれうらない 手相うらない

感情線で性格をうらなおう

中指にとどかない長さ

熱しやすく冷めやすい
情熱的で、パッと心に火がついたかと思えば、行きづまったとたん冷めちゃう人。「やる！」と決めたらすぐに取りかかりたいタイプだから、ノリのいい友だちといると◎。

上向きになっている

思いやりにあふれた人
やさしくて、あたたかい心のもち主。家族や友だちが大好きで、思いやりをもってせっするよ。もちろん好きな人にもつくしたいタイプ。きっと相手からも愛されるはず。

知能線と重なっている

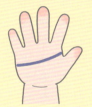

才能にめぐまれた天才！
「ますかけ線」とよばれるめずらしい手相。頭の回転が速くてセンスもバツグン。なにをやっても成功する天才型だよ。好きな人にはいちずだけど、ガンコなところがタマにキズ。

まっすぐになっている

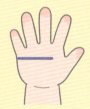

じつはやさしいタイプ
クールでたんたんとしているあなただけど、深い愛情をもっているよ。相談を受けることも多くて、そのつど相手にとってなにがベストかしっかり考える思いやりがあるんだ。

コインうらない

10円玉を3枚使って、気になることや未来をうらなってみよう！

なにがわかるの？

今や近い未来のようすがわかる

今起きていることや、近いうちに起こりそうなことを、3枚のコインの向きでうらなおう。ぐうぜんの結果からものごとを読みとくうらないは、とても歴史が古く、長く信じられてきたものなんだよ。

Chapter 4 あれこれうらない　コインうらない

うらない方

1. 10円玉を3枚用意する。
2. うらないたいことを心の中で念じて、1枚目のコインを両手で包んでふる。
3. コインの表と裏を変えないよう、左手にもちかえて、テーブルに置く。
4. 2枚目、3枚目のコインも同じようにする。

※コインが1枚しかない場合は、同じコインを3回ふって、表と裏が何回出たかを書いておこう。

※うらなうのは1日1回までにしてね。

◀結果は次のページだよ

友だち編

ちなみに 10円玉の表はこっちだよ 表 裏

こんなことをうらなってみよう

⭐ あの子とこれからも仲よくできる?
⭐ 新しい友だちができる?
⭐ ケンカした子と仲直りできる?

表1枚、裏2枚

仲よしの友だちとはいつもどおりにすごせるけれど、新しい友だちを作るには時間がかかるかも。ケンカ中の相手と仲直りしたいなら、きっかけが見つかるまで待つのが吉。

3枚とも表

友だちとの関係は最高♪ みんなと仲よくできるし、ケンカしてもすぐ仲直りできるよ。新しい友だちもできる予感。友だちといっしょに取り組めば、勉強もぐんぐん進むよ！

3枚とも裏

友だちとぶつかりやすいとき。仲直りも今は待ったほうがよさそう。でも、この状態は長くつづかないから安心してね。自分から元気にあいさつして、運気をあげていこう！

表2枚、裏1枚

いつもの友だちとも仲よくできるし、「気まずいな……」と感じていた子とも話せそう。新しい友だちを作りたいなら、相手の好きなものや趣味を調べてから話しかけて。

114

Chapter 4 あれこれうらない コインうらない

勉強編

こんなことをうらなってみよう

⭐ 次のテストでいい点とれる?
⭐ 苦手な科目をクリアできる?
⭐ 今は勉強すべき? 遊ぶべき?

表1枚、裏2枚

気もちのアップダウンがはげしいとき。とくいな科目を勉強したり、テストでいい点をとったときのことを思い出したりして気分をもりあげよう。自信がやる気につながるよ。

3枚とも表

集中力が高まって、いつもよりいい成果が出るときだよ。がんばったぶんだけ結果につながるから、力をのばしたいこと、苦手なことがあれば、今すぐ取りかかろう!

3枚とも裏

勉強する気分になれず、結果もイマイチ。ひとりで勉強するより、友だちをさそったり、図書館に行ったりして、気もちを切り替えて。集中力がもどってくるよ。

表2枚、裏1枚

勉強運はまずまず。積極的に勉強する時間を作って、習ったことはその日のうちに復習してね。わからなかったら先生に確認することが、苦手にしないためのポイントだよ。

家族編

こんなことをうらなってみよう

★ これからも仲よしでいるには？
★ ケンカしちゃった……。仲直りできる？
★ 家族でもっともりあがるには？

表1枚、裏2枚

いつもどおりすごせそう。家族ともっと楽しくすごしたいなら、自分からあいさつしてみよう。あなたが元気に「おはよう！」といえば、みんながぐんと明るい雰囲気に♪

3枚とも表

家はホッとできる場所。もし学校で失敗しちゃっても、家族といれば、心がぽかぽかになるはず。お手伝いしたり、ちょっぴりあまえたり、あなたらしくすごしてね。

3枚とも裏

なぜかみんなつかれてイライラ。そんなときは、ゆっくりと心と体を休めるのがいちばん！ ぐっすり眠れば、次の日にはすっきり気分で、いつもどおり仲よくすごせるはず。

表2枚、裏1枚

いつもよりもっと家族と仲よくできるよ。学校であったことや友だちのことを積極的に話してみてね。みんながあなたの話に夢中になって、大もりあがりしちゃいそう！

Chapter 4 あれこれうらない コインうらない

恋愛編

こんなことをうらなってみよう

★ 好きな人と仲よくなれる？
★ 好きな人と話すチャンスはある？
★ あの人はわたしのことをどう思ってる？

表1枚、裏2枚

相手がなにを考えているか、わかりにくいとき。あなたもまわりの目が気になって話しかけられず、どうにもならない状態に。ふたりきりのときなら、落ち着いて話せそう。

3枚とも表

気になっている相手と急せっ近のチャンス！ 学校の授業で同じグループになったり、仲よくおしゃべりしたりできそうだよ。もしかすると相手もあなたが気になっているかも!?

3枚とも裏

今は気になる相手と、すれちがいやすいみたい。でもここであきらめないことが大事！ あせらずに待っていれば、ふっと風向きが変わって、急せっ近のチャンスも☆

表2枚、裏1枚

じつは相手もあなたと仲よくなりたくて、そわそわしているかも。勇気を出して、あなたから話しかけてみて！ それをきっかけに、これまで以上にいい関係になれるよ。

ラッキーチャンス編

こんなことをうらなってみよう

⭐ 今日はいいことある?
⭐ ほしいものは手に入る?
⭐ 願いごとはかなう?

表1枚、裏2枚

思うように進むことも、そうでないことも同じくらいあるみたい。勢いにまかせず、自分の心とちゃんと相談したり、相手に気もちを伝えたりしながら進むことが大事だよ。

3枚とも表

ふしぎとあなたの望む方向に進む、最高のタイミング♪ ほしいものが手に入ったり、まわりの人からサポートしてもらえたり、ものごとがバッチリうまく進んでいくよ。

3枚とも裏

なんだかうまくいかないとき。ジタバタするより、「せっかくだし、のんびりしよう」という気もちでいるほうが運気もアップ! 早めに寝る、本を読むなど、ゆったりすごしてね。

表2枚、裏1枚

どっしりとかまえていれば、向こうからラッキーがやってくるよ。あせったり、はしゃぎすぎたりせず、落ち着いて動き出せば、チャンスをのがさずつかまえられそう!

Chapter 4 あれこれうらない 色うらない／コインうらない

色(いろ)うらない

今、気(き)になる色(いろ)はどれ？ 自分(じぶん)でも
気(き)づいていない気(き)もちがうらなえるよ！

ピン！ときた色(いろ)はどれ？

青(あお)　ピンク　緑(みどり)
オレンジ　むらさき　白(しろ)
赤(あか)　黒(くろ)　レインボー

◀結果(けっか)は次(つぎ)のページだよ

119

今のあなたの気もちは……？

 青

のんびりしたい

まわりの人と、おだやかでいい関係が作れるタイミング。ゆっくりおふろに入ってリラックスすると、さらに運気がアップしそう。

 ピンク

愛情でいっぱい♡

やさしさをおすそわけしたり、受け取ったりできるとき。人にやさしくしたり、家族にあまえたりすると◎。スイーツで運気アップ♪

 緑

おしゃべりしたい

今のあなたはとってもフレンドリー♪　クラスの子はもちろん、年のちがう子とも話そう。図鑑を読んで新しい世界にふれるのも◎。

 オレンジ

元気ハツラツ！

元気いっぱいでパワーがあふれているよ。ボールを使うスポーツやダンスなどをして、思いきり体を動かすといいことがありそう！

 むらさき

第六感で大当たり!?

直感がさえて、目に見えないものをキャッチできるよ。トランプやコインうらないの結果をするどく読みとくことができそうだよ！

 白

ひとりでゆっくり

今はみんなでにぎやかにするより、ひとりですごしたい気分。自分の部屋や図書館など、静かな場所でゆっくりしよう。

 赤

エンジン全開！

やる気が心と体に満ちているよ！　勉強に遊びにスポーツに、全力で取り組んでみてね。夢中になるほど運気もあがっていくよ☆

 黒

ひっそりすごしたい

ヒミツと相性がいいとき。友だちとナイショで恋の話をしたり、こっそりおまじないをしたりするのにいいタイミングだよ。

 レインボー

パワフルにがんばれる

いつもよりパワーアップしているあなた。心にエネルギーが満ちていて、前向きに考えられるよ。とくに団体行動はバッチリ♪

Chapter 4 あれこれうらない ほくろうらない／色うらない

ほくろうらない

ほくろの位置で運勢や才能がわかるって知ってた？
ラッキーなほくろ、あなたもさがしてみてね！

なにがわかるの？

金運やモテ運、才能がわかる

顔や体にあるほくろの位置で、あなたの運勢や性格、才能がわかるよ。自分で見えないところは、だれかに見てもらってね。

うで・手のほくろ

手のこう
器用な職人タイプ
手先が器用な人にあるほくろ。職人の才能にめぐまれていて、将来はその道のプロとしてかつやくできそう！

かたからひじまでの間
心をもやす成功者
やると決めたらやりぬくアツいタイプ。ひとつのことに集中すると、いい結果が出せるよ。

ひじから手首の間
心やさしくたよれる人
だれに対しても感じがよくて、相手の思いにこたえようとする人。みんなから好かれるよ。

おでこ・ほっぺ・口のほくろ

自分から見て右のほっぺ
人との出会いに幸運が
ステキな人にめぐりあえる運勢。大事なポイントでいい先生や友だちに出会い、道が大きく開かれていくよ。

おでこのまん中
夢がかないやすい!
自分で道を切り開いて、才能を開花させる力があるよ。自分を信じて努力すれば、大きな夢もかなえられるはず!

自分から見て左のほっぺ
ほがらかな努力家!
明るくてだれとでも仲よくできるタイプ。でも、見えないところで地道な努力をして、夢をかなえる人だよ。

自分から見てくちびるの右下
たよれるリーダー
責任感のあるリーダータイプ。いきいきとしてたのもしいから、オトナからもたよりにされているみたい。

くちびるの下
マジメにコツコツ
たのまれたらキチンとやりぬく、縁の下の力もち。「あなたがやってくれるなら安心」と思っている人も多いよ。

自分から見てくちびるの左下
センスばつぐん!
センスのいい人にあるほくろ。とくにファッションやメイクなどのおしゃれな分野でかつやくできそう。

122

Chapter 4 あれこれうらない ほくろうらない

目・鼻のほくろ

ひとみの下
ほっこりあたたか♪
思いやりがあって、人一倍愛情深いタイプ。家族や友だちにやさしくて、好きな人にもいちずだよ。

目頭
将来はアーティスト!?
芸術的なセンスがバツグン！絵をかいたり、楽器の演奏をしたり、物語を作ったり。好きなことを楽しむと◎。

目じり
社交的で明るい人
だれにでもあいさつやおしゃべりができるタイプ。明るい人がらに自然とみんなが集まってくるよ。

鼻の下
クラスの人気者!
楽しいことが好きで、みんなを巻きこむのもとくいな人気者。どんどん前に出てみよう。

鼻の頭
うれしいモテぼくろ♡
すごくモテるし、好きな人と結ばれる可能性も高いよ。おまけにずっと大切にしてもらえそう♪

鼻の横
お金に縁がある!?
金運があって、ほしいものが手に入りやすいおとくなタイプ。感謝の気もちも大切にね。

123

今日の運勢うらない

朝起きたらまずカーテンを開けてみて！ 今日の運勢がうらなえるよ☆

朝、カーテンを開けて最初に見たものは？

Omake 今日の運勢うらない

最初に見たものは……

のりもの
（車、自転車、バイク、飛行機など）

アクティブにすごせる日

心も体もエネルギーいっぱい！体を動かすと運気があがるから、体育や試合で大かつやくのチャンスだよ。最初に見たのが飛行機なら、最高記録が出せるかも!?

人
（オトナ、子ども、赤ちゃんなど）

コミュニケーション運が◎

人と関わるほどラッキーな日。ふだんは話さないクラスメイトや先生にも、あいさつしてみてね。見たのが赤ちゃんなら、おもしろいじょうほうをゲットできそう。

植物
（花、木、草など）

アートの才能に目覚めそう！

芸術的センスがかがやく日。音楽や図工の授業で注目されちゃうかも！ 作文や詩を書けば、まわりをあっといわせる作品が生まれそうだよ☆

動物
（鳥、犬、ねこ、虫など）

友だちみんなでにぎやかに♪

友だち運が高まっているよ。休み時間や放課後のおしゃべりがはずみそう☆ みんなの意見がまとまりやすいから、話し合いなら今日がチャンス！

空
（太陽、雲、空、雨、雪など）

初めてのことにチャレンジ！

新しい発見や出会いがありそう！初めてのことに挑戦したり、いつもとちがう種類の本を読んだりしよう。にじを見たらスペシャルなことが起こるかも!?

オバケーヌ図鑑④

タベモノ族

アイスーヌ
アイスを食べつづけていたら、頭にアイスがはえたらしい。暑さには弱い。

ケーキーヌ
お祝いごとがあるとサプライズにかけつけちゃうケーキのオバケ。

モンブラーヌ
マロンがのったモンブランのオバケ。24ページも見てね。

ゼリーヌ
おはだがツヤツヤなゼリーのオバケ。その日の気分で色や味が変えられる。

マカロンヌ
マカロンにはさまったらぬけなくなったオバケ。せまいところが好き。

ショクパーヌ
こまっている子を見つけたら助けに行く、正義感が強くてやさしい性格。

プリーヌ
プリンプリンのおはだで、あまい香りがする。レトロなきっさ店が好き。

126

Zukan 4　キャラ図鑑

スシーヌ
ワビサビの心をもったシブいオバケ。頭はマグロ以外もかぶる。わさびは飲みもの。

エビフリャーヌ
サクサクなエビフライが頭にはえたオバケ。タルタルソースが好き。

タコヤキーヌ
関西生まれでノリツッコミはバッチリ。自然とみんなが集まっちゃう。

オニギリーヌ
おにぎりのオバケ。仲よくなるとのりをめくって具を見せてくれるかも。

オムーヌ
黄色いたまごのマントをかぶったオムライスのオバケ。かくれんぼが好き。

フランスパーヌ
香ばしくてスタイルがいい、パリ生まれのおしゃれさん。SNSがしゅみ。

オモチーヌ
もちもちしていて、引っぱるとのび〜るオバケ。やきもちを焼くことも。

チェリーヌ
いつもくっついているさくらんぼのオバケ。はなれていたらケンカ中かも。

ダンゴーヌ
団結力が強い3つ子。お花見が大好きで、春を楽しみにしている。

著：小泉マーリ

占星術師。1996年、デジタルコンテンツの黎明期の頃よりインターネット占い師として活動を始める。占術は西洋占星術、タロット、血液型、数秘術、深層心理テストなど。これまでに鑑定した人数は延べ1万人以上。占った答えをただ出すだけではなく、その人が望む結果を出すためにベストな方法と時期を合わせてアドバイスしている。全国各地で対面・オンラインの講座やワークショップを開催。

カバー・本文デザイン	岩田歩　浜田美緒（ohmae-d）
カバーイラスト	河原田瞳美（株式会社クラックス）
本文イラスト	河原田瞳美　進士瑞希（株式会社クラックス） ふじもとめぐみ
編集	櫻嶋理恵（株式会社シーオーツー）
執筆協力	小園まさみ（編集室オトナリ）
本文DTP	株式会社アド・クレール

© CRUX

オバケーヌ 公式ホームページ
https://crux.jp/obakenu/

どろどろ〜ん
オバケーヌのうらない

2024年10月15日発行　第1版

著　者	小泉マーリ
発行者	若松和紀
発行所	株式会社 西東社 〒113-0034　東京都文京区湯島2-3-13 https://www.seitosha.co.jp/ 電話　03-5800-3120（代）

※本書に記載のない内容のご質問や著者等の連絡先につきましては、お答えできかねます。

落丁・乱丁本は、小社「営業」宛にご送付ください。送料小社負担にてお取り替えいたします。本書の内容の一部あるいは全部を無断で複製（コピー・データファイル化すること）、転載（ウェブサイト・ブログ等の電子メディアも含む）することは、法律で認められた場合を除き、著作者及び出版社の権利を侵害することになります。代行業者等の第三者に依頼して本書を電子データ化することも認められておりません。

ISBN 978-4-7916-3385-2